Alex Lombello Amaral

# A mentalidade capitalista em Ludwig von Mises

Editora Heráclito

# Índice

| | |
|---|---|
| 3 | Introdução |
| 6 | Quando Mises concorda com Marx |
| 39 | Os comunistas debaixo da cama de Mises |
| 75 | O capitalismo utópico |
| 100 | A abstração econômica de Mises |
| 137 | Conclusão |

# Introdução

Um dos maiores apologistas do capitalismo foi Ludwig Von Mises, nascido austríaco, em território hoje ucraniano, ainda no século XIX. Em 1940, quando Hitler anexou a Áustria, Mises mudou-se para o EUA, onde faleceu em 1973. Foi um dos principais nomes da Escola Austríaca de economia.

Dado o prestígio de economista do autor, ao deparar com o livro *A Mentalidade Anticapitalista*, apesar do título, acreditei tratar-se de um livro de economia. Não é! Claro que ele fala de economia constantemente. Mas o livro trata exatamente do que diz seu título, a mentalidade anticapitalista, na visão, é claro, de Mises.

A profissão de historiador, contudo, acostuma com a ideia de que as fontes falam mais do que tudo sobre seus próprios produtores, nas entrelinhas, é claro. O livro de Ludwig Von Mises é útil para entender a "mentalidade", para usar um termo do próprio Ludwig Von Mises, somente dele. O fato de Mises quase não citar exemplos de anticapitalistas que pensam como ele diz que pensam torna o livro ainda mais precioso como fonte documental do pensamento de Mises, uma vez que portanto é tudo Mises!Uma frase repetida por Mises em vários capítulos é "os socialistas pensam que..."

É possível concluir que todos os capitalistas pensam como Mises? Claro que não! É possível imaginar que muitos pensam como ele? Sim, até porque é o formador de opinião de milhões de capitalistas militantes em todo o mundo. Será que eles sabem que Mises concordava em tantas coisas com o marxismo? E o próprio Mises, o quanto sabia disso? Fato é que em muitas afirmações Mises diz exatamente o mesmo que Karl Marx, e a partir daí foi criado o primeiro capítulo, com igualdades e semelhanças entre esses dois pensadores tão opostos.

Outra coisa que chama a atenção é o ódio que Mises, ele mesmo um intelectual, revela aos intelectuais, aos quais considera, em sua grande maioria, comunistas. Mises tenta entender porque pessoas de diferentes condições sociais se tornam anticapitalistas, mas dedica recorrente atenção aos intelectuais.

O estilo de Mises, que metralha afirmações conclusivas, determinou o estilo desse livreto, onde analisamos frases e pequenos períodos. Isso vai gerar a acusação de que foram retiradas do contexto, mas não é o caso. São frases independentes, quase slogans. Em um mesmo parágrafo Mises era capaz de afirmar algo idêntico a Marx em uma frase, algo muito correto em outra, e algo difícil de acreditar que se está lendo em outra. Existe mesmo uma frase, na página 63 da tradução para português de *A Mentalidade Anticapitalista*, em que uma oração está no capítulo dos assuntos em que Mises estava de acordo com Marx, e outra em um capítulo oposto.

Também foi necessário debater conceitos. Uma pessoa de direita e de esquerda hoje debatendo, em muitos assuntos pensam estar falando de uma mesma coisa, usam as mesmas palavra, mas não estão. Estão usando conceitos diferentes denominados pelas mesmas palavras – classe, estado, liberdade etc. significam coisas diferentes em diferentes tradições políticas.

O leitor reconhecerá em Mises muitas ideias, formas de pensar, "informações", que são recorrentes nos defensores do capitalismo.

# Capítulo 1

## Quando Mises concorda com Marx

Ninguém poderia esperar que existissem tantas coincidências entre Karl Marx e Ludwig Mises em um só livro, uma vez que Mises tentou escrever sempre contra Marx, e faleceu quase cem anos depois dele. Nesse primeiro capítulo vamos destacar essas semelhanças.

Nem seria necessário afirmar que Marx concordaria com a afirmação de que:

> O empregador não está fazendo um favor aos seus empregados. Ele os contrata como um meio indispensável ao sucesso de seus negócios, da mesma forma pela qual adquire matéria prima e equipamento industrial.[1]

Mas é interessante para o leitor poder comparar. Marx diz que "*Não interessa ao possuidor do dinheiro saber por que o trabalhador livre se defronta com ele no mercado de trabalho, não passando o mercado de trabalho, para ele, de uma divisão especial do mercado de mercadorias*".[2] Sai "*...o dinheiro para salários, da*

---

1   MISES, Ludwig von. *A Mentalidade Anticapitalista*. Rio de Janeiro: Ed. José Olympio/Instituto Liberal. 1987. P.93.
2   MARX, Karl. *O Capital*. Livro 1: *O Processo de*

*mesma caixa, o dinheiro para matérias-primas e auxiliares, e credita tudo isto à mesma conta de caixa*".[3] E mais! "*Satisfizeram-se todas as condições do problema e não se violaram as leis que regem a troca de mercadorias. Trocou-se equivalente por equivalente. Como comprador, o capitalista pagou toda a mercadoria pelo valor, algodão, fuso, força de trabalho*".[4] Ou seja, Marx diz que o capitalista não paga a força de trabalho abaixo de seu valor de mercado. Claro que "*ele procura comprar todas a mercadorias o mais barato possível e supõe sempre que a origem de seu lucro está simplesmente no seu truque de comprar abaixo e vender acima do valor*".[5] Mas o capitalista está enganado. Não é a sua esperteza que determina os preços dos salários, "*O valor da força de trabalho é determinado como o de qualquer outra mercadoria, pelo tempo de trabalho necessário a sua produção*".[6] Registre-se que para Marx

---

*Produção do Capital*. Volume 1. Rio de Janeiro: Civilização Brasileira. 1980. P.189.
3  MARX, Karl. *O Capital. Livro 3: O Processo Global de Produção Capitalista*. Volume 1. Rio de Janeiro: Civilização Brasileira. 1980. P.83
4  MARX, Karl. *O Capital. Livro 1: O Processo de Produção do Capital*. Volume 1. Rio de Janeiro: Civilização Brasileira. 1980. P.219.
5  MARX, Karl. *O Capital. Livro 1: O Processo de Produção do Capital*. Volume 2. Rio de Janeiro: Editora Bertrand Brasil. 1994. P.624.
6  MARX, Karl. *O Capital. Livro 1: O Processo de Produção do Capital*. Volume 1. Rio de Janeiro: Civilização

o empregador não compra trabalho, que é uma ação do trabalhador, não uma coisa comprável, e o trabalhador só vende a sua força de trabalho.

Mises disse que os homens são *"Incapazes de enxergar as inevitáveis consequências a longo prazo de sua conduta"*. [7] A semelhança com Marx é impressionante, quando este diz, de forma bem mais elegante, no *18 Brumário de Louis Bonaparte* que "*Os homens fazem sua própria história, mas não a fazem como querem*".[8] Claramente é um assunto correlacionado com o fato de que os humanos contemporâneos "*são iludidos por falsas ideologias*", diz Mises. [9] É semelhante a Marx, mas para Marx todas as ideologias são versões muito distorcidas da realidade.

Qualquer marxista (que realmente tenha lido Marx, não os amadores) concorda com Mises que o capitalismo "*multiplicou os índices populacionais e elevou de maneira sem precedentes a média do padrão de vida*", e que "*Sob o capitalismo, o homem comum desfruta de

---

Brasileira. 1980. P.191.
[7] MISES, Ludwig von. *A Mentalidade Anticapitalista*. Rio de Janeiro: Ed. José Olympio/Instituto Liberal. 1987. P.11.
[8] MARX, Karl. O 18 Brumário de Louis Bonaparte. In: GIANNOTTI, José Arthur. *Manuscritos econômico-filosóficos e outros textos escolhidos*. São Paulo: Nova Cultura. 1988. P.7.
[9] MISES, Ludwig von. *A Mentalidade Anticapitalista*. Rio de Janeiro: Ed. José Olympio/Instituto Liberal. 1987. P.11.

*vantagens que, em épocas passadas, eram desconhecidas e portanto inacessíveis até mesmo aos mais ricos*".[10]

O *Manifesto Comunista* faz toda uma apologia dos feitos capitalistas, talvez a mais bem escrita que já se fez. Nele Marx e Engels lembram que o capitalismo "*Criou grandes centros urbanos; aumentou prodigiosamente a população das cidades em relação à dos campos e, com isso, arrancou uma grande parte da população do embrutecimento da vida rural*". Sobre o consumo das massas sob o capitalismo, o *Manifesto* diz que "*Pela exploração do mercado mundial a burguesia imprime um caráter cosmopolita à produção e ao consumo em todos os países*", e que:

> Devido ao rápido aperfeiçoamento dos instrumentos de produção e ao constante progresso dos meios de comunicação, a burguesia arrasta para a torrente da civilização mesmo as nações mais bárbaras. Os baixos preços de seus produtos são a artilharia pesada que destrói todas as muralhas da China e obriga a capitularem os bárbaros mais tenazmente hostis aos estrangeiros.[11]

---

10   MISES, Ludwig von. *A Mentalidade Anticapitalista*. Rio de Janeiro: Ed. José Olympio/Instituto Liberal. 1987. P.4, 10.
11   MARX, Karl; ENGELS, Friedrich. *O Manifesto Comunista*. P.6.

Mises portanto não disse nenhuma novidade quando afirmou que capitalistas buscam os métodos tecnológicos "*com os quais o custo da produção é mais baixo*". Logo depois confessou que não prestou muita atenção ao *Manifesto Comunista*, acima citado, quando afirmou que "*Nenhuma alusão a estes assuntos pode ser encontrada nas obras de Marx e Engels*". [12] A redução dos preços é um assunto recorrente também n'*O Capital*. Mises diz da indústria moderna que "*seu principal objetivo era produzir o mais barato possível, sem qualquer preocupação com os valores estéticos*".[13] Deve-se fazer a ressalva que existe, sim, alguma preocupação estética, subordinada, é claro, aos preços. Quanto mais rica se torna a sociedade, mais espaço surge para as preocupações estéticas. Também é verdade que:

> Comparam, por exemplo, as mobílias antigas preservadas nos castelos das famílias aristocratas europeias e nas coleções de museus, com as peças baratas geradas pela produção em larga escala (...) As arcas entalhadas e as mesas marchetadas não

---

12   MISES, Ludwig von. *A Mentalidade Anticapitalista*. Rio de Janeiro: Ed. José Olympio/Instituto Liberal. 1987. P.26.
13   MISES, Ludwig von. *A Mentalidade Anticapitalista*. Rio de Janeiro: Ed. José Olympio/Instituto Liberal. 1987. P.77.

poderiam ser encontradas nas miseráveis choupanas das camadas mais pobres.[14]

Como diz Mises, "*No regime capitalista, os próprios operários são, direta e indiretamente, os principais consumidores de tudo o que as fábricas estão produzindo*", e mais adiante repete que o assalariado além de mão de obra, "*também é o principal consumidor seja dos próprios produtos manufaturados, seja dos gêneros alimentícios e das matérias primas negociadas em troca*".[15] Claro que isso só se tornou verdade na medida em que o campesinato deixou de ser a maioria absoluta da população, e que o número de artesãos despencou, crescendo, em seu lugar, os trabalhadores assalariados, característicos do capitalismo.

Mises se equivocou ao dizer que os socialistas não se lembram disso, evidenciando seu completo desconhecimento d'*O Capital*, de Marx, em que isso entra até em fórmulas desde o Livro 1 (nas quais é v, o capital variável). Marx salienta que a produção total de bens de consumo precisa ter alguma correlação com o

---

14  MISES, Ludwig von. *A Mentalidade Anticapitalista*. Rio de Janeiro: Ed. José Olympio/Instituto Liberal. 1987. P.77.
15  MISES, Ludwig von. *A Mentalidade Anticapitalista*. Rio de Janeiro: Ed. José Olympio/Instituto Liberal. 1987. P.42, 65.

total de capital variável (investido em força de trabalho assalariada).

Já entre os capitalistas, poucos, como Ford, entenderam realmente isso. A maioria quer reduzir salários, sem conseguir raciocinar que assim está tentando reduzir suas próprias vendas. O próprio Mises, no mesmo livro, é exemplo de capitalista que se levanta contra a definição legal de salários mínimos e elevações salariais, mesmo que conquistadas pelos Sindicatos.[16]

Realmente existe um anticapitalismo que afirma que o capitalismo "*só trouxe desordem e miséria*", e diz que "*outrora, os homens eram felizes e prósperos, nos bons velhos tempos que antecederam a Revolução Industrial*".[17] Mas o marxismo, pelo contrário, faz apologia da sociedade industrial, e critica como reacionários os anticapitalistas anti-industriais.

Existe mesmo um ponto em que Marx e Engels foram mais apologistas do capitalismo que Mises, que afirmou que "*pode-se admitir que a arquitetura moderna não atingiu o destaque da dos últimos séculos*".[18] Já o *Manifesto Comunista* diz que a burguesia:

---

16  MISES, Ludwig von. *A Mentalidade Anticapitalista*. Rio de Janeiro: Ed. José Olympio/Instituto Liberal. 1987. P.59.
17  MISES, Ludwig von. *A Mentalidade Anticapitalista*. Rio de Janeiro: Ed. José Olympio/Instituto Liberal. 1987. P.4.
18  MISES, Ludwig von. *A Mentalidade Anticapitalista*. Rio

> Foi a primeira a provar o que pode realizar a atividade humana: criou maravilhas maiores que as pirâmides do Egito, os aquedutos romanos, as catedrais góticas; conduziu expedições que empanaram mesmo as antigas invasões e as cruzadas. [19]

Portanto, quando Mises diz que Marx descreveu o capitalismo como "*o pior de todos os males*", revela que desconhecia o *Manifesto*. É praticamente impossível que Mises não tenha lido o *Manifesto*, tão fininho, mas ler de má vontade é o mesmo que não ler. [20]

Diz Mises que "...*o aumento da assim chamada produtividade do trabalho deve-se ao emprego de melhores ferramentas e máquinas*".[21] Sim, mas não só de máquinas e ferramentas, mas também da organização do trabalho coletivo. A linha de montagem não é uma questão de maquinário, mas de como se organiza os trabalhadores, e aumentou a produtividade mais do que muitas máquinas. A própria Revolução Industrial não nasceu das máquinas, que foram frutos naturais da

---

de Janeiro: Ed. José Olympio/Instituto Liberal. 1987. P.76.
19   MARX, Karl; ENGELS, Friedrich. *O Manifesto Comunista*. P.6.
20   MISES, Ludwig von. *A Mentalidade Anticapitalista*. Rio de Janeiro: Ed. José Olympio/Instituto Liberal. 1987. P.25.
21   MISES, Ludwig von. *A Mentalidade Anticapitalista*. Rio de Janeiro: Ed. José Olympio/Instituto Liberal. 1987. P.39.

organização do trabalho coletivo de forma mais centralizada. Para ser mais claro, as primeiras fábricas não tinham máquinas e ferramentas diferentes daquelas que os artesãos tinham em suas casas, mas concentraram dezenas de artesãos em um mesmo galpão, e dividiram, disciplinaram, seu trabalho. As fábricas é que aprimoraram as máquinas, e não as máquinas que criaram as fábricas.

Também é completamente correto quando Mises diz que *"Tal progresso não depende de uma maior destreza, competência ou empenho da parte de cada operário (De fato a competência do artesão medieval era muito superior à de inúmeras categorias das atuais manufaturas)"*. [22] Mises só não entende que são as máquinas que multiplicam os trabalhadores não especializados. As máquinas permitem que trabalhos antes possíveis somente para quem tivesse um longo aprendizado sejam feitos por qualquer pessoa. Ou como diz o Manifesto, *"sua habilidade profissional é depreciada pelos novos métodos de produção"*. Os ótimos artesãos medievais demoravam semanas em utensílios que hoje são feitos em horas, e suas oficinas foram levadas à

---

22   MISES, Ludwig von. *A Mentalidade Anticapitalista*. Rio de Janeiro: Ed. José Olympio/Instituto Liberal. 1987. P.39.

falência pela Revolução Industrial e por seus operários não qualificados.

Marx elogiou o desenvolvimento das forças produtivas capitalistas com vigor:

> A burguesia, durante seu domínio de classe, apenas secular, criou forças produtivas mais numerosas e mais colossais que todas as gerações passadas em conjunto. A subjugação das forças da natureza, as máquinas, a aplicação da química à indústria e à agricultura, a navegação a vapor, as estradas de ferro, o telégrafo elétrico, a exploração de continentes inteiros, a canalização dos rios, populações inteiras brotando da terra como por encanto - que século anterior teria suspeitado que semelhantes forças produtivas estivessem adormecidas no selo do trabalho social? [23]

E Mises parece até um defensor do marxismo quando diz que:

> O que faz com que o rendimento total nos Estados Unidos de hoje seja mais elevado (por indivíduo da força de trabalho empregada) do que o rendimento de épocas passadas (...) é o fato de o trabalhador norte-americano contemporâneo estar apoiado por

---

23   MARX, Karl; ENGELS, Friedrich. *O Manifesto Comunista*. P.7.

uma quantidade maior e melhor de ferramentas.[24]

Para se chegar ao uso de máquinas foi necessário *"acumulação"* e *"investimento de capital"*, como diz Mises.[25] Karl Marx dedicou parte d'*O Capital* a descrever exatamente a acumulação primitiva do capital que precedeu a Revolução Industrial. Porém, para Mises a acumulação é sobretudo contábil, é o enriquecimento dos capitalistas, ou a junção de capitais. Para Marx a acumulação foi um processo histórico envolvendo toda a sociedade. O principal móvel da acumulação de capital na Inglaterra foi a expulsão da população rural das terras a que tinha acesso, forçando-a a engrossar as fileiras dos miseráveis das cidades, e daí barateando a mão de obra. Ou seja, Marx dá importância aos dois lados da acumulação, o lado que concentra o capital e o lado que fica sem ele! Sem os despossuídos, não haveria quem trabalhasse para os donos da riqueza, que portanto não se tornaria capital.

Mises afirmou que *"A era do capitalismo aboliu todos os vestígios da escravidão e da servidão"*.[26] No

---

24 MISES, Ludwig von. *A Mentalidade Anticapitalista*. Rio de Janeiro: Ed. José Olympio/Instituto Liberal. 1987. P.83.
25 MISES, Ludwig von. *A Mentalidade Anticapitalista*. Rio de Janeiro: Ed. José Olympio/Instituto Liberal. 1987. P.39.
26 MISES, Ludwig von. *A Mentalidade Anticapitalista*. Rio

Manifesto Comunista se pode ler que "*Onde quer que tenha conquistado o Poder, a burguesia calcou aos pés as relações feudais, patriarcais e idílicas.*"[27] A semelhança é óbvia, contudo, deve-se notar que "*aboliu todos os vestígios*" é falso, enquanto "*calcou aos pés as relações*" é historicamente correto. Desenhemos: Ainda existem escravos e relações similares à escravidão, embora sejam minoria (40 milhões no mundo todo em 2017). São minoria porque essas relações de trabalho são ultrapassadas, foram superadas pelo trabalho assalariado.

Sobre as partes componentes do capital Mises diz que "*Todos eles são perecíveis. São, mais cedo ou mais tarde, gastos nos processos de produção*" de forma que "*deve-se aplicar uma parte do esforço produtivo na manutenção do capital, na reposição dos bens de capital absorvidos na produção de bens utilizáveis*".[28] Embora Marx se refira a conceitos como capital fixo e capital constante, fez dura crítica ao conceito de capital fixo como foi modificado por Adam Smith, afirmando o mesmo que Mises, ou seja, que no processo produtivo

---

de Janeiro: Ed. José Olympio/Instituto Liberal. 1987. P.86.
27   MARX, Karl; ENGELS, Friedrich. *O Manifesto Comunista*. P.6.
28   MISES, Ludwig von. *A Mentalidade Anticapitalista*. Rio de Janeiro: Ed. José Olympio/Instituto Liberal. 1987. P.81.

tudo se consome mais cedo ou mais tarde, variando somente o tempo. As matérias primas se consomem no momento de sua utilização, e uma máquina em muitos anos, mas não é realmente fixo, só vai demorar mais a acabar. Já o conceito de capital constante (c) não se refere à constância das coisas, mas dos valores, de forma que a matéria-prima, embora consumida totalmente, é capital constante uma vez que deve ser gasto o mesmo valor para comprar novas matérias primas para continuar a produção. Ou seja, é capital circulante (oposto de fixo) e constante (oposto de variável).

Por que não aproveitar para desfazer uma confusão conceitual muito comum? O *"erro fundamental, de misturar as categorias, capital fixo e capital circulante, com as categorias, capital constante e capital variável"*.[29] Há quem imagine que a divisão entre capital constante e variável feita por Marx seja semelhante à divisão entre capital fixo e circulante feita por Adam Smith. Pelo contrário, Marx faz muita questão de desfazer essa confusão n'*O Capital*. A divisão feita por Adam Smith é entre o capital que circula no prazo máximo de um ano, o

---

29 MARX, Karl. *O Capital. Livro 2: O Processo de Circulação do Capital.* Volume 3. Rio de Janeiro: Civilização Brasileira. 1970. P.168.

circulante, e o que dura mais tempo, que seria fixo. Primeiro, que Marx explica que não existe um capital realmente fixo.[30] Todo ele circula! Um galpão pode durar décadas, mas no fim vai precisar ser substituído. Mas principalmente, embora o capital circulante de Smith inclua a mão de obra, também inclui matéria prima, energia e outras coisas que já se gastam no momento da produção, que portanto circulam rapidamente. Só a força de trabalho está incluída no capital variável de Marx, pois para Marx só ela gera riqueza, ou seja, é só o que faz variar o capital.

Quem acha que conhece o marxismo sem ter lido Marx pode se surpreender, mas para a pergunta: "*Qual dos dois fatores, trabalho ou capital, provocou o aumento da produtividade?*" Tanto para Mises quanto para Marx a resposta é: "*o capital*".[31] Marx acrescentaria a cooperação, pois "*...um determinado modo de produção, ou fase industrial, está sempre ligado a um determinado modo de cooperação, ou fase social, e esse modo da*

---

30 É conveniente também saber que "*O que faz de um produto capital fixo é a sua função de meio de trabalho no processo de produção*". MARX, Karl. O Capital. Livro 2: O Processo de Circulação do Capital. Volume 3. Rio de Janeiro: Civilização Brasileira. 1970. P.167. Isso também pode ser dito do capital constante.
31 MISES, Ludwig von. A Mentalidade Anticapitalista. Rio de Janeiro: Ed. José Olympio/Instituto Liberal. 1987. P.83.

*cooperação é ele próprio uma 'força produtiva'".*[32] Também deu destaque à cooperação no livro 1 do *Capital*, todo o capítulo XI, e confirmou no mesmo livro que foi o capital que mobilizou a cooperação crescente nos últimos séculos. Ressalva seja feita de que reconhecer a importância do capital e da cooperação não muda em nada o fato de que para Marx é o trabalho que produz todas as riquezas.

Mises defendia a acumulação de capital considerando que seria boa por si mesma. Já para Marx, "*A centralização dos meios de produção e a socialização do trabalho alcançam um ponto em que se tornam incompatíveis com o envoltório capitalista. O invólucro rompe-se. Soa a hora final da propriedade particular capitalista. Os expropriadores são expropriados*".[33] A "socialização do trabalho" para Marx é obra do capitalismo, com destaque para a Revolução Industrial do século XVIII. Significa que tudo que é feito de forma industrial é feito com a cooperação de boa parte da sociedade, enquanto o trabalho artesanal era bem mais individual. Motivos diferentes, mas os mesmos desejos.

---

32  MARX, Karl; ENGELS, Friedrich. *A Ideologia Alemã*. São Paulo: Expressão Popular. P.43.
33  MARX, Karl. *O Capital. Livro 1: O Processo de Produção do Capital*. Volume 2. Rio de Janeiro: Editora Bertrand Brasil. 1994. P.881.

Os marxistas também acham, como Mises, que entre capitalismo e socialismo:

> Trata-se de uma divergência quanto à escolha do mais adequado sistema de organização econômica da sociedade. A questão está em saber qual dos dois sistemas, capitalismo ou socialismo, garante maior produtividade dos esforços humanos para melhorar o padrão de vida das pessoas.[34]

Em termos marxistas, são dois "modos de produção" diferentes. Curioso é Mises imaginar socialistas que estariam a *"obstinadamente recusarem-se a examinar esses problemas"*.[35] Isso quando o marxismo se debruça exatamente sobre essa questão – o modo de produção. Capitalismo e socialismo, para os marxistas, são dois modos de produção. Muitos dos críticos mais eficientes do marxismo o acusam exatamente de só dar importância a esse assunto, que Mises acha que os socialistas se recusam a estudar!?!? Ou bem o anti-marxista Mises, ou bem os milhares de anti-marxistas que acusam o marxismo de economicismo, ou ambos,

---

34   MISES, Ludwig von. *A Mentalidade Anticapitalista*. Rio de Janeiro: Ed. José Olympio/Instituto Liberal. 1987. P.61.
35   MISES, Ludwig von. *A Mentalidade Anticapitalista*. Rio de Janeiro: Ed. José Olympio/Instituto Liberal. 1987. P.61.

falam de um marxismo que só existe na cabeça deles, não do marxismo de Marx, Engels, Lênin etc.

Em filosofia existem semelhanças no que há de mais básico. Mises concorda com uma das principais características do Materialismo Dialético de Karl Marx:

> Nunca e em lugar algum do universo existe estabilidade e imobilidade. Mudança e transformação são características essenciais da vida. Cada estado de coisas é passageiro; cada época é uma época de transição. Na vida humana nunca há calma e repouso. A vida é um processo e não a permanência no *status quo*. Ainda assim, a mente humana tem sempre a ilusão de uma existência imutável. [36]

Isso é o que muitos marxistas chamam de 2ª Lei da Dialética. Nos dizeres de Engels, "*O movimento é a maneira de ser da matéria. Jamais, em parte alguma, houve matéria sem movimento, nem poderá haver*".[37]

Com base na certeza de que tudo se transforma incessantemente, as utopias se tornam impossíveis, pois, nas palavras de Mises, "*O objetivo declarado de todos os movimentos utópicos é o de dar fim à história e de estabelecer uma calma final e permanente*". [38] O

---

36 MISES, Ludwig von. *A Mentalidade Anticapitalista*. Rio de Janeiro: Ed. José Olympio/Instituto Liberal. 1987. P.100.
37 ENGELS, Friedrich. *Anti-Dühring*.

*Manifesto Comunista* por sua vez deixa claro que "*As concepções teóricas dos comunistas não se baseiam, de modo algum, em ideias ou princípios inventados ou descobertos por tal ou qual reformador do mundo*", ou seja, em utopias. Depois o *Manifesto* descarrega sua fúria contra as utopias, no capítulo "*O socialismo e o comunismo crítico-utópicos*". Sobre os socialistas utópicos diz que

> A atividade social substituem sua própria imaginação pessoal; às condições históricas da emancipação, condições fantasistas; à organização gradual e espontânea do proletariado em classe, uma organização da sociedade pré-fabricada por eles. A história futura do mundo se resume, para eles, na propaganda e na prática de seus planos de organização social. [39]

Esses projetos de futuro estático seriam para Marx e Engels, no *Manifesto*, "*castelos no ar*", "*descrição fantasista da sociedade futura*". [40] Note-se bem! Quase todos os que acham que sabem o que é o marxismo

---

38   MISES, Ludwig von. *A Mentalidade Anticapitalista*. Rio de Janeiro: Ed. José Olympio/Instituto Liberal. 1987. P.100.
39   MARX, Karl; ENGELS, Friedrich. *O Manifesto Comunista*. P.22.
40   MARX, Karl; ENGELS, Friedrich. *O Manifesto Comunista*. P.22, 23.

acham que existe um plano dos marxistas para a sociedade. Isso não existe! O marxismo nasce do reconhecimento de que não pode existir um plano, um modelo, uma sociedade ideal. Também em *A Ideologia Alemã*, de Marx e Engels, se diz claramente que *"O comunismo não é para nós um estado de coisas que deva ser estabelecido, um ideal pelo qual a realidade terá que se regular. Chamamos comunismo ao movimento real que supera o atual estado de coisas"*.[41]

Ainda em coincidências filosóficas, realmente há quem ataque o capitalismo por *"seu sórdido materialismo"*.[42] Mas os marxistas, não, porque estes se autodenominam materialistas dialéticos, nome que Marx deu ao seu próprio pensamento filosófico. Marx, Engels, Lênin etc. se consideravam materialistas e enfrentavam o que chamavam de idealismo. Claro que materialismo para os marxistas não tem nada a ver com consumismo, com posse de bens materiais, assim como idealismo não tem nada a ver com ter um ideal. Trata-se dos conceitos filosóficos em que se classifica os filósofos desde o mundo antigo. Idealistas nesse caso são os que acreditam que um mundo de ideias precede o mundo

---

41   MARX, Karl; ENGELS, Friedrich. *A Ideologia Alemã*. São Paulo: Expressão Popular. P.52.
42   MISES, Ludwig von. *A Mentalidade Anticapitalista*. Rio de Janeiro: Ed. José Olympio/Instituto Liberal. 1987. P.73.

material, ou mesmo que o mundo material não existe, que é uma ilusão. Materialistas são os que acreditam que o mundo material existe. No conceito de Lênin, matéria é tudo o que efetivamente existe além de nosso pensamento. Ou seja, para Lênin, se espíritos efetivamente existirem, são matéria, sejam eles o que forem.

Se Mises dissesse que os socialistas condenam o capitalismo não pelo materialismo mas pela sua cultura de egoísmo e de busca de lucro acima de tudo, estaria de acordo com o *Manifesto*:

> Onde quer que tenha conquistado o Poder, a burguesia calcou aos pés as relações feudais, patriarcais e idílicas. Todos os complexos e variados laços que prendiam o homem feudal a seus "superiores naturais" ela os despedaçou sem piedade, para só deixar subsistir, de homem para homem, o laço do frio interesse, as duras exigências do "pagamento à vista". Afogou os fervores sagrados do êxtase religioso, do entusiasmo cavalheiresco, do sentimentalismo pequeno-burguês nas águas geladas do cálculo egoísta. [43]

---

[43] MARX, Karl; ENGELS, Friedrich. *O Manifesto Comunista*. P.5.

Mises ironiza o *"princípio de justiça"* (14), e discorda da existência de *"leis eternas da justiça natural e divina"* (78). [44] Marx também discordava, e ironizou Proudhon:

> "Quando se diz que a agiotagem contraria à 'justiça eterna', à 'equidade eterna', à 'mutualidade eterna' e a outras 'verdades eternas', sabe-se, por acaso, mais sobre ela do que sabiam os padres da Igreja, quando afirmavam que ela era contrária à 'graça eterna', à 'fé eterna', à 'vontade eterna de Deus'?"[45]

Engels também ironiza a "justiça eterna" em A Questão da Habitação, igualmente contra Phroudon.

Para Mises seria da natureza humana que quando *"alguns de seus desejos são satisfeitos, surgem novos"*.[46] Para Marx e Engels a natureza humana é não ter natureza, mas dizem em *A Ideologia Alemã* que *"a própria primeira necessidade, a ação da satisfação e o instrumento já adquirido da satisfação, conduz a novas*

---

44   MISES, Ludwig von. *A Mentalidade Anticapitalista.* Rio de Janeiro: Ed. José Olympio/Instituto Liberal. 1987. P.93.
45   MARX, Karl. *O Capital. Livro 1: O Processo de Produção do Capital.* Volume 1. Rio de Janeiro: Civilização Brasileira. 1980. P.95.
46   MISES, Ludwig von. *A Mentalidade Anticapitalista.* Rio de Janeiro: Ed. José Olympio/Instituto Liberal. 1987. P.10.

*necessidades*". ⁴⁷ Deve-se destacar a diferença entre "desejo" e "necessidade", evidenciando o realismo histórico de Marx e Engels em oposição ao subjetivismo de Mises. Necessidades, para Marx e Engels, eram históricas, sociais, e não as necessidades básicas animais, "*...o fumo, por exemplo, seja ou não necessário do ponto de vista fisiológico; basta que o seja convencionalmente*". ⁴⁸ As necessidades podem vir "do estômago ou da fantasia". ⁴⁹

Como Marx, Mises nota que parte da aristocracia tornou-se anticapitalista. ⁵⁰ O *Manifesto Comunista* tem até um subcapítulo para isso, "*O socialismo feudal*", no capítulo "*O socialismo reacionário*", no qual deixa bem claro que esse não tem nada a ver com o socialismo dos comunistas. Explica que "*Devido à sua posição histórica, as aristocracias da França o da Inglaterra viram-se chamadas a lançar libelos contra a sociedade burguesa*", mas sobre esses estranhos socialistas diz que "*na luta

---

47    MARX, Karl; ENGELS, Friedrich. *A Ideologia Alemã*. São Paulo: Expressão Popular. P.41-42.
48    MARX, Karl. *O Capital. Livro 2: O Processo de Circulação do Capital*. Volume 3. Rio de Janeiro: Civilização Brasileira. 1970. P.431.
49    MARX, Karl. *O Capital. Livro 1: O Processo de Produção do Capital*. Volume 1. Rio de Janeiro: Civilização Brasileira. 1980. P.41.
50    MISES, Ludwig von. *A Mentalidade Anticapitalista*. Rio de Janeiro: Ed. José Olympio/Instituto Liberal. 1987. P.44-45.

*política participam ativamente de todas as medidas de repressão contra a classe operária".* [51]

No mesmo capítulo Marx e Engels afastam-se do "socialismo cristão":

> Do mesmo modo que o pároco e o senhor feudal marcharam sempre de mãos dadas, o socialismo clerical marcha lado a lado com o socialismo feudal.
> Nada é mais fácil que recobrir o ascetismo cristão com um verniz socialista. Não se ergueu também o cristianismo contra a propriedade privada, o matrimônio, o Estado? E em seu lugar não predicou a caridade e a pobreza, o celibato, a mortificação da carne, a vida monástica e a Igreja? O socialismo cristão não passa de água benta com que o padre consagra o despeito da aristocracia. [52]

Mises fez justiça a "*Marx e Engels*" quando disse que eles "*não estavam recomendando um compromisso entre socialismo e capitalismo*". [53] Era exatamente o mesmo que ambos afirmavam!

Há alguma semelhança entre Mises e Marx quando Mises afirma que:

---

51   MARX, Karl; ENGELS, Friedrich. *O Manifesto Comunista*. P.17.
52   MARX, Karl; ENGELS, Friedrich. *O Manifesto Comunista*. P.18.
53   MISES, Ludwig von. *A Mentalidade Anticapitalista*. Rio de Janeiro: Ed. José Olympio/Instituto Liberal. 1987. P.63.

Existe apenas uma maneira exequível de se melhorar as condições materiais da humanidade: acelerar o crescimento do capital acumulado em oposição ao crescimento da população. Quanto maior for a soma de capital investido por trabalhador, mais e melhores mercadorias poderão ser produzidas e consumidas. [54]

Para Mises a *"acumulação de capital que ultrapassa o aumento da população, por um lado, eleva a produtividade marginal do trabalho e, por outro, barateia os produtos"*. [55] O que barateia os produtos (seus preços) é o aumento da produção que ultrapassa o aumento da população, ou por outro ponto de vista, é a redução do tempo de trabalho social gasto em cada produto (preço e valor). Mas o capital se acumular não garante isso. Pelo contrário, ao se acumular o capital tenta monopolizar o mercado e conter a queda de preços, e em vários setores efetivamente consegue isso.

Há no raciocínio de Mises o pressuposto de que o capital é o único fator do qual depende aumentar ou não a produção. No mundo atual, sem compradores o capital

---

54  MISES, Ludwig von. *A Mentalidade Anticapitalista*. Rio de Janeiro: Ed. José Olympio/Instituto Liberal. 1987. P.11.
55  MISES, Ludwig von. *A Mentalidade Anticapitalista*. Rio de Janeiro: Ed. José Olympio/Instituto Liberal. 1987. P.41.

não pode fazer nada. P.ex.: Se em um mercado os consumidores reduzem suas compras, seja por desemprego, redução salarial, insegurança etc. a produção terá que cair, as indústrias não poderão aumentar a produção e os empregos, a despeito do capital ter se acumulado ou não.

 O que Marx diz é quase o mesmo que Mises, mas se torna correto pela precisão. Marx divide o capital, seja de uma empresa, seja de uma sociedade, em constante e variável, sendo que esse último (v) é somente o investido em mão de obra. Para Marx existe uma tendência constante no capitalismo, gerada pela concorrência, de crescimento percentual do capital constante (c), sobre o total. Marx chama isso de crescimento da composição do capital. Esse fenômeno, segundo Marx, é sinônimo de crescimento da produtividade. Marx, porém, diferente de Mises, faz questão de explicar que a mudança da composição do capital (entre porcentagens de c e v), não pode ser calculada simplesmente levando em conta o montante de dinheiro investido de cada forma, mas também a quantidade real de horas de trabalho (no caso de v) e de matéria prima, desgaste de maquinário, energia etc (no caso de c).

 Claro que também existem erros comuns entre Karl Marx e Ludwig Mises. Por exemplo, para Mises existe o "*homem branco*". [56] Ele faleceu na década de 1970, quando isso era comum. As pesquisas genéticas, sociais etc. têm demonstrado que não existem raças entre os humanos, uma vez que as diferenças são irrisórias. A última raça conhecida diferente da nossa foram os Neandertais, extintos há cerca de 40 mil anos atrás.[57] Eis mais um ponto em que Mises se aproximou de Marx, que também tinha essa concepção incorreta, mas Marx morreu quase cem anos antes de Mises.

Tanto para Mises quanto para Marx e Engels o Ocidente e o Oriente são bem definidos, como sociedades muito diferentes. Para Marx e Engels a burguesia teria submetido "*o Oriente ao Ocidente*".[58] Contudo, enquanto nessa afirmação do *Manifesto* fica claro que não é o Oriente que é inferior ao Ocidente, em Mises o preconceito contra o Oriente é inacreditável. Absurdo muito repetido pelos seus fãs, Mises afirma que

---

56  MISES, Ludwig von. *A Mentalidade Anticapitalista*. Rio de Janeiro: Ed. José Olympio/Instituto Liberal. 1987. P.96.
57  Até o início do século XXI ainda existia a polêmica a respeito dos Neandertais serem outra raça ou outra espécie, mas as pesquisas têm demonstrado que os filhos de humanos com Neandertais eram férteis, portanto eram de nossa espécie. As diferenças genéticas, contudo, são muito maiores do que qualquer uma que se encontre entre os humanos modernos os mais diferentes.
58  MARX, Karl; ENGELS, Friedrich. *O Manifesto Comunista*. P.6.

"*O que separa o oriente do ocidente é antes de tudo o fato de que os povos do oriente nunca conceberam a ideia de liberdade*". [59] O filósofo Confúcio (Kong Zi), desde uns 500 anos antes de Cristo influente na China, já falava de liberdade. Ao comparar a música do Ocidente com a do Oriente Mises diz que "*Nunca se ouviu nada semelhante no oriente*", enquanto os Beatles iam aprender novos sons na Índia. Os jovens orientais só saberiam "*seguir a rotina de seu meio ambiente*". [60] Isso quando os EUA estavam apanhando dos jovens vietnamitas, anos depois de terem apanhado de jovens coreanos.

Para Mises os orientais teriam realizado feitos a centenas ou até milhares de anos, mas depois: "*seus esforços diminuíram, suas culturas tornaram-se entorpecidas e inertes*". É similar a Marx, quando ao descrever o Modo de Produção Asiático, ou Oriental, afirma que era uma sociedade quase estática, de desenvolvimento lento. Mas Marx morreu no século XIX, quando havia carência de informações sobre Ásia, África etc., enquanto Mises morreu quase cem anos depois.

---

59  MISES, Ludwig von. *A Mentalidade Anticapitalista*. Rio de Janeiro: Ed. José Olympio/Instituto Liberal. 1987. P.86.
60  MISES, Ludwig von. *A Mentalidade Anticapitalista*. Rio de Janeiro: Ed. José Olympio/Instituto Liberal. 1987. P.96.

O "oriente" e o "ocidente", a não ser como expressões geográficas, são invenções, distorções da realidade. Além disso, mesmo geograficamente nunca estiveram isolados, nunca deixaram de se influenciar.

É verdade que até o século XIX, no oriente, *"nenhuma burguesia pode se desenvolver"*, ao menos até o ponto de se tornar industrial. [61] Mas Mises acha que isso foi fruto das políticas econômicas, enquanto o processo é o inverso – a burguesia nasce primeiro, sem poder, portanto enfrentando políticas econômicas adversas, e com o passar dos séculos se fortalece, toma o poder, e estabelece as políticas que lhe convêm. No caso inglês, que foi o primeiro, a burguesia já era rica quando tomou o poder em 1640 (Londres já era a maior cidade da Europa), e quando o consolidou em 1688, e só um século depois fez a Revolução Industrial, e por muitos anos ainda lutou contra leis feudais remanescentes.

Deve-se saber que mesmo sem burguesia industrial, até o século XVIII países asiáticos como Índia e China eram os mais ricos do mundo, e já voltaram a enriquecer no final do século XX.

---

61    MISES, Ludwig von. *A Mentalidade Anticapitalista*. Rio de Janeiro: Ed. José Olympio/Instituto Liberal. 1987. P.96.

## Outros casos em que Mises estava de acordo com socialistas

Sobre os verdadeiros capitalistas, gente que vive de seus investimentos, que Mises chama eufemisticamente de *"primos"*, é verdade que *"a maioria é de pessoas desocupadas e inúteis"*. [62] Porém alguns, à semelhança do que acontecia com os senhores de escravos e sacerdotes do mundo antigo, *"Liberados da necessidade de ganhar o sustento através de uma ocupação remunerada e independentes dos favores dos fanáticos, tornam-se pioneiros de novas ideias"*. [63] Na verdade esses últimos, os ricos dedicados às artes e ciências, deviam ser em muito maior número, mas são raros, enquanto tantos miseráveis se destacam nos mais diversos setores artísticos e até científicos (e continuam pobres).

É fato indiscutível que *"Na caça ao dinheiro, a estrela de cinema supera o filósofo; os fabricantes de Pinkapinka superam o compositor de sinfonias"*. [64] Só o

---

62   MISES, Ludwig von. *A Mentalidade Anticapitalista*. Rio de Janeiro: Ed. José Olympio/Instituto Liberal. 1987. P.29.
63   MISES, Ludwig von. *A Mentalidade Anticapitalista*. Rio de Janeiro: Ed. José Olympio/Instituto Liberal. 1987. P.29.
64   MISES, Ludwig von. *A Mentalidade Anticapitalista*. Rio de Janeiro: Ed. José Olympio/Instituto Liberal. 1987. P.15.

que é estranho é Mises achar que isso é bom e correto, e ainda pretender que por isso atrizes e fabricantes de qualquer coisa sejam mais úteis que filósofos e compositores. Mas à frente pode-se observar a repulsa de Mises por intelectuais e artistas.

Diz Mises que "*O professor menospreza os alunos que estão mais interessados no time de futebol da universidade do que no seu rendimento acadêmico*".[65] Não se pode falar pelos outros, mas o autor que vos escreve, como professor, cidadão etc., certamente os menospreza! Se um aluno está em qualquer curso deve tentar ser o melhor aluno possível. Se gosta muito de esportes, existem cursos para isso, e ele não deve tirar a vaga de um bom aluno enquanto só quer jogar bola. Não é necessário que todos os seres humanos façam curso superior, mas sim que as vagas sejam bem aproveitadas. Ademais, alunos ruins atrasam o conjunto da turma.

Parece até que é um sindicalista que escreveu que "*o trabalhador de 'colarinho branco*" (...) "*imagina-se parte da elite gerencial da empresa*" e "*olha do alto e com arrogância para o operário que tem as mãos sujas e calejadas*".[66] Verdades conhecidas por todos. Mas Mises

---

65　MISES, Ludwig von. *A Mentalidade Anticapitalista*. Rio de Janeiro: Ed. José Olympio/Instituto Liberal. 1987. P.23.
66　MISES, Ludwig von. *A Mentalidade Anticapitalista*. Rio de Janeiro: Ed. José Olympio/Instituto Liberal. 1987. P.24.

encontrou dessa gente anticapitalista, quando no Brasil são mais capitalistas que os ricos. Nos EUA operários manuais ganhariam mais que esse pessoal de escritório, o qual se tornaria, por isso, anticapitalista, para Mises, claro. Sobre esse assunto é importante comentar que Mises ironiza o trabalho *"intelectual"* dos trabalhadores de escritório, enquanto o marxismo de Gramsci vê trabalho intelectual até no mais duro trabalho físico.

Esteve na própria base do surgimento do marxismo o fato de que *"No período decorrido entre Waterloo e Sebastopol, nenhum livro foi mais avidamente consumido na Grã-Bretanha do que os tratados sobre economia. Mas"* infelizmente *"a moda logo passou".* [67] Infelizmente porque, como disse Ford, *"se o povo dessa nação entendesse nosso sistema bancário e monetário, acredito que haveria uma revolução amanhã de manhã".*

Conforme diz Mises, a história comprova que o *"Tabelamento de preços tem como efeito a queda no fornecimento dos produtos tabelados".* [68] Em uma economia de mercado é exatamente o que acontece, e não faz nenhum sentido falar de tabelamento se a economia não for de mercado. Isso não significa que o

---

67 MISES, Ludwig von. *A Mentalidade Anticapitalista*. Rio de Janeiro: Ed. José Olympio/Instituto Liberal. 1987. P.37.
68 MISES, Ludwig von. *A Mentalidade Anticapitalista*. Rio de Janeiro: Ed. José Olympio/Instituto Liberal. 1987. P.59.

tabelamento não possa nunca ser usado em casos emergenciais, economia de guerra etc., mas logo dará o resultado previsto, a não ser que o Estado intervenha no sentido de forçar a continuidade da produção. Porém, se o tabelamento for abaixo dos custos de produção efetivamente empregados, nem a intervenção funcionará. Só se conhece há história um caso de tabelamento que foi obedecido pelos comerciantes, mas foi sob o governo jacobino em França, e a pena prometida aos infratores era a morte na guilhotina.

Também é irrefutável a afirmação de Mises de que:

> Não menos absurda é a segunda acusação lançada contra o capitalismo – isto é, que as inovações tecnológicas e terapêuticas não beneficiam a todos. As mudanças nas condições humanas são conseguidas pelo pioneirismo dos homens mais inteligentes e mais dinâmicos. Eles assumem a liderança, e o resto da humanidade os segue pouco a pouco. A inovação é, no início, um luxo de apenas alguns até que, gradativamente, passa a ficar ao alcance da maioria (...) Se quem hoje dispõe de meios para adquirir um televisor resolvesse se abster de comprá-lo porque algumas pessoas não têm recursos para isso, não estaria promovendo, mas retardando a popularização desse aparelho.[69]

---

69 MISES, Ludwig von. *A Mentalidade Anticapitalista*. Rio

Está correto até no fato de que *"homens mais inteligentes e dinâmicos"* *"assumem a liderança, e o resto da humanidade os segue aos poucos"*. Que a própria sociedade humana, mesmo suas próprias condições animais, estimulem as inovações, não significa que se prescinda de pessoas inovadoras. Elas sempre existiram! Falso é que elas se beneficiem disso sob o capitalismo. Como todo mundo, os inovadores foram rebaixados a empregados dos capitalistas.

É impossível não concordar que *"O homem que fala em público ou escreve sobre a oposição entre capitalismo e socialismo, sem estar bem familiarizado com tudo o que a economia tem a dizer sobre o assunto não passa de um tagarela irresponsável"*. [70] A rigor, o homem que dá palpites sobre a vida política sem estudar a economia já é um tagarela irresponsável.

---

de Janeiro: Ed. José Olympio/Instituto Liberal. 1987. P.73.
70    MISES, Ludwig von. *A Mentalidade Anticapitalista*. Rio de Janeiro: Ed. José Olympio/Instituto Liberal. 1987. P.46.

# Capítulo 2

## Os comunistas debaixo da cama de Mises

Mises escreveu, podem conferir, que "...*Hollywood e Broadway, os famosos centros da indústria do espetáculo, são focos de comunismo*". [71] Para atestar essa piada Mises fez uma afirmação verdadeira, de que "*autores e atores podem ser identificados entre os mais fanáticos defensores do regime soviético*". [72] Que intelectuais sejam comunistas é até corriqueiro! Daí a concluir que Hollywood é comunista já vai um abismo.

Difícil acreditar que alguém diga que "*a maioria dos atuais governos e partidos políticos procura sofregamente destruir este sistema*" capitalista. [73] Mais inacreditável fica quando se lembra que Mises escreveu isso enquanto vivia nos EUA. Eis que o Partido Democrata e o Republicano, para Mises, são comunistas!?

---

71   MISES, Ludwig von. *A Mentalidade Anticapitalista*. Rio de Janeiro: Ed. José Olympio/Instituto Liberal. 1987. P.31.
72   MISES, Ludwig von. *A Mentalidade Anticapitalista*. Rio de Janeiro: Ed. José Olympio/Instituto Liberal. 1987. P.31.
73   MISES, Ludwig von. *A Mentalidade Anticapitalista*. Rio de Janeiro: Ed. José Olympio/Instituto Liberal. 1987. P.11.

Nota-se que os comunistas que viviam debaixo da cama de Mises eram bem diferentes dos que existem no mundo real. Basta dizer que para ele os socialistas *"recusam-se obstinadamente a estudar economia..."*. [74] Ao invés de desmontar textos de economia de seus adversários, Mises tenta desqualificá-los, dizendo por exemplo que *"Lênin e a maioria de seus colegas-conspiradores nunca souberam nada sobre a operação da economia de mercado nem nunca quiseram saber"*.[75]

O mais prestigiado livro de Karl Marx é *O Capital*, dividido em 3 tomos, somando 6 volumes, mas não é o único em que Marx trata de economia. Vladmir Lênin é conhecido mundialmente por ter escrito *Imperialismo, fase superior do capitalismo*, uma das obras mais importantes para quem quiser entender alguma coisa do mundo atual. Já tinha escrito *O desenvolvimento do capitalismo na Rússia* vários anos antes. Acertou na política econômica para vencer a guerra contra onze potências estrangeiras, e depois para reconstruir o país. Lênin não era exceção, o marxismo em grande medida é o estudo do capitalismo, a começar pela sua economia. Existem incontáveis economistas marxistas em todo o

---

74  MISES, Ludwig von. *A Mentalidade Anticapitalista*. Rio de Janeiro: Ed. José Olympio/Instituto Liberal. 1987. P.45.
75  MISES, Ludwig von. *A Mentalidade Anticapitalista*. Rio de Janeiro: Ed. José Olympio/Instituto Liberal. 1987. P.25.

mundo. Friedrich Engels em carta para Joseph Bloch chegou a confessar que "*Marx e eu temos em parte a culpa pelo fato de que, às vezes, os jovens escritores atribuam ao aspecto econômico maior importância do que a devida*".[76]

Para Mises Lênin e outros marxistas teriam no máximo exercido "*trabalhos subalternos de rotina em firmas comerciais*".[77] Lênin dirigia a gráfica do Partido na Suíça, não era subalterno. Engels dirigiu a fábrica do pai na Inglaterra por muitos anos, também não era subalterno. Depois Engels virou capitalista (não nas ideias, claro) de verdade, ao passar a viver de rendas. Ademais, Mises acha que "*toda a informação*" que alguém adquire sobre economia vem da prática, o que é culto à ignorância típico de quem detesta intelectuais.[78]

No mesmo sentido Mises afirma sobre Lênin que "*Na qualidade de marxista, ele não tinha noção dos problemas que a administração das atividades de produção tem de enfrentar*".[79] Na verdade, uma das

---

76   MARX, K, ENGELS, F. *Cartas Filosóficas e Outros Escritos*. São Paulo: Grijalbo. 1977. p.36.
77   MISES, Ludwig von. *A Mentalidade Anticapitalista*. Rio de Janeiro: Ed. José Olympio/Instituto Liberal. 1987. P.25.
78   MISES, Ludwig von. *A Mentalidade Anticapitalista*. Rio de Janeiro: Ed. José Olympio/Instituto Liberal. 1987. P.26.
79   MISES, Ludwig von. *A Mentalidade Anticapitalista*. Rio de Janeiro: Ed. José Olympio/Instituto Liberal. 1987. P.26.

bases do marxismo é estudar os modos de produção, ou seja, como se organiza a sociedade para produzir seus meios de vida. Os antimarxistas minimamente instruídos acusam os marxistas exatamente de darem importância demais à economia.

Para Mises as pessoas anticapitalistas todas pensam que *"quem conquista fortuna e prestígio não são as pessoas de reconhecido valor, mas sim as frívolas e inúteis"*.[80] Que anticapitalistas não-marxistas pensem isso é admissível, mas marxistas, não. Os marxistas querem entender a sociedade cientificamente, de forma que não se interessam por explicar caso a caso, como fulano ou sicrano ficou rico, mas sim o mecanismo geral de produção de riqueza em uma sociedade. Também seria muito anticientífico julgar o valor das pessoas, e explicar posições sociais por valor ou defeitos pessoais. Pelo contrário, esse é o raciocínio de Mises, para o qual os ricos o são por mérito pessoal. Para o marxismo não interessa saber quem é rico e quem é pobre, mas porque e como existem ricos e pobres, principalmente, como mudar as coisas.

Anticapitalistas criticariam que *"sob o capitalismo, a auto-realização somente é possível para uns poucos"*.[81]

---

80    MISES, Ludwig von. *A Mentalidade Anticapitalista*. Rio de Janeiro: Ed. José Olympio/Instituto Liberal. 1987. P.14.

Eis um assunto subjetivo, que o marxismo original nunca se propôs a tratar. Provavelmente marxistas mais novos abordaram o assunto, mas é duvidoso que tenham chegado a conclusões tão simplórias. Não existem muitas pistas históricas a respeito de autorealização pessoal, e se existirem, como confiar? Que prova se pode ter de que as pessoas foram felizes nessa ou naquela sociedade? Se o capitalismo gera problemas a respeito? É provável que sim pela sua incessante publicidade de consumo, seja de mercadorias ou seja de sexo, gerando insatisfação nos que não conseguem consumir. Também a propaganda do próprio capitalismo como sistema justo não pode deixar as pessoas muito satisfeitas, pois segundo essa propaganda os 99% de pessoas que não são ricas seriam incompetentes. Para superestimar o capital é necessário gerar baixa autoestima na população.

É comum a crença de que os comunistas são igualitaristas e por consequência distributivistas. O objetivo dos anticapitalistas, para Mises, seria encontrar *"métodos mais justos de 'distribuição"*.[82] Talvez alguns tipos de anticapitalistas sejam assim, mas o marxismo

---

81   MISES, Ludwig von. *A Mentalidade Anticapitalista*. Rio de Janeiro: Ed. José Olympio/Instituto Liberal. 1987. P.89.
82   MISES, Ludwig von. *A Mentalidade Anticapitalista*. Rio de Janeiro: Ed. José Olympio/Instituto Liberal. 1987. P.14.

não é distributivista. Quando os comunistas falam de socializar os frutos do trabalho, não estão falando de distribuir, estão falando de usar coletivamente, ou seja, para os interesses gerais da sociedade, que certamente incluem o fim da miséria, do analfabetismo etc., mas também incluem viagens espaciais, experiências científicas caríssimas, e coisas tão pouco distributivas quanto.

Mises fala de *"forças materiais produtivas"* como se fosse um conceito marxista.[83] Na verdade para Marx não existe esse adjetivo *"materiais"* no conceito, nem faria sentido. As forças produtivas não são coisas, como Mises parece imaginar. As forças produtivas incluem a cultura, as habilidades, as tradições, não só máquinas e ferramentas. São relações humanas, e *"só são forças reais no intercâmbio e na conexão desses indivíduos"*.[84]

Ele acha que para Marx essas forças seriam *"uma entidade sobre-humana independente da vontade e das ações dos homens"*. [85] Como pode ser difícil entender uma coisa tão simples? Forças produtivas são um nível,

---

83     MISES, Ludwig von. *A Mentalidade Anticapitalista*. Rio de Janeiro: Ed. José Olympio/Instituto Liberal. 1987. P.38.
84     MARX, Karl. ENGELS, Freidrich. *A Ideologia Alemã*. São Paulo. Expressão Popular. 2009. p.107.
85     MISES, Ludwig von. *A Mentalidade Anticapitalista*. Rio de Janeiro: Ed. José Olympio/Instituto Liberal. 1987. P.38.

por assim dizer. Vamos dar exemplos práticos – na idade da pedra os humanos começaram lascando pedras, caçando e colhendo. Era só o que sabiam. Aos poucos aprenderam a pescar, melhoraram suas técnicas de caça, se associaram aos cachorros, e há uns 30 mil anos desenvolveram a pintura, a música e a escultura. Há uns 10 mil anos desenvolveram a agricultura e a pecuária. Foi um grande salto das forças produtivas humanas, talvez o maior da história. A forma de vida humana foi então drasticamente alterada. De grupos nômades passamos a viver em aldeias, para se ter uma ideia. Onde Mises encaixaria ai suas "forças matérias produtivas"? Quanto há de exclusivamente material no progresso da caça? No desenvolvimento da pesca? No desenvolvimento da agricultura? As forças produtivas são mais culturais que materiais. E onde ele vê "*entidade sobre humana independente*"? São os humanos que desenvolvem suas próprias forças produtivas. Para Mises tal simplicidade parece impenetrável. As forças produtivas se transformariam "*misteriosamente*" por "*impenetráveis leis*". [86]

Mises quase entende um pouco da coisa quando diz que para os marxistas as forças "*materiais*" produtivas

---

86   MISES, Ludwig von. *A Mentalidade Anticapitalista*. Rio de Janeiro: Ed. José Olympio/Instituto Liberal. 1987. P.38.

"*forçam a humanidade a ajustar sua organização social a essas transformações*". Só o que está errado nisso é que para ele forças produtivas e sociedades são separadas. Não há essa separação, portanto não se exerce força de uma "coisa" sobre outra "coisa". É a simples realidade – um povo de caçadores precisa viver de um jeito, um povo pecuarista de outro, um povo agricultor de outro etc. Não é o gado nem a pecuária que "forçam" sociedades pastoris a serem o que são, não é o anzol que cria os pescadores. Diz Mises que para os marxistas as forças produtivas evitam ser aprisionadas pela organização social da humanidade. [87] São as pessoas que impulsionam as forças produtivas adiante e que derrubam as organizações sociais que se tornam ultrapassadas. As forças produtivas obviamente não são um sujeito.

Para explicar como as forças produtivas afetam a forma de vida humana podemos citar ao próprio Mises, que afirma, corretamente nesse caso, depois de afirmar, como já citamos acima, que "*nunca e em lugar algum do universo existe estabilidade e imobilidade*", que:

---

87   MISES, Ludwig von. *A Mentalidade Anticapitalista*. Rio de Janeiro: Ed. José Olympio/Instituto Liberal. 1987. P.38.

> Cada mudança altera as condições externas de vida e de bem-estar e força as pessoas a se ajustarem de novo às modificações de seu meio. Ela atinge interesses velados e ameaça as formas tradicionais de produção e consumo. Atrapalha todos os que são intelectualmente inertes e faz com que revejam sua maneira de pensar.[88]

O que existe de incompreensível nisso? É um parágrafo que só não está no primeiro capítulo, das semelhanças entre Mises e Marx, porque era necessário aqui para Mises desmentir o próprio Mises.

Para Mises os anticapitalistas acreditariam que os *"progressos tecnológicos dos últimos duzentos anos não foram causados ou favorecidos pelas políticas econômicas da época"*, e que Marx adotou essa posição.[89] Pode ser que algum anticapitalista, sobretudo dos imaginados por Mises, pense assim, mas o marxismo diz exatamente o oposto. Primeiro, cada detalhe da política e da cultura de uma sociedade tem influência sobre sua economia. Segundo, cada época é intrinsecamente ligada ao nível das forças produtivas. O capitalismo não poderia existir em outro nível tecnológico. Terceiro, barrar

---

88   MISES, Ludwig von. *A Mentalidade Anticapitalista*. Rio de Janeiro: Ed. José Olympio/Instituto Liberal. 1987. P.100.
89   MISES, Ludwig von. *A Mentalidade Anticapitalista*. Rio de Janeiro: Ed. José Olympio/Instituto Liberal. 1987. P.38.

ou liberar o desenvolvimento das forças produtivas é algo que pode ser feito politicamente, daí as grandes revoluções.

Mises acredita que *"socialistas, comunistas e planejadores almejavam a mais radical abolição da liberdade dos indivíduos e a instalação da onipotência do governo"*. [90] É o contrário! Os comunistas desejam o fim do estado, que é a única forma de termos liberdade. Desejam também o progresso material de forma que as máquinas libertem os humanos do trabalho: *"A 'libertação' é um ato histórico, não um ato de pensamento, e é efetuada por relações históricas, pelo nível da indústria, do comércio, da agricultura, do intercâmbio..."*[91]

Como alguém pode acreditar que *"Planejamento significa que os projetos individuais dos cidadãos devem ser substituídos pelos planos do governo"*? [92] Uma coisa não tem nada a ver com a outra. Os planos nacionais, econômicos, não atrapalham em nada os planos individuais, pessoais. Até os ajudam! Quando o estado

---

90 MISES, Ludwig von. *A Mentalidade Anticapitalista*. Rio de Janeiro: Ed. José Olympio/Instituto Liberal. 1987. P.89.
91 MARX, Karl; ENGELS, Friedrich. *A Ideologia Alemã*. São Paulo: Expressão Popular. P.35-36.
92 MISES, Ludwig von. *A Mentalidade Anticapitalista*. Rio de Janeiro: Ed. José Olympio/Instituto Liberal. 1987. P.62.

faz um planejamento, desenvolve meios de comunicação, produção de energia, pesquisa, educação, isso melhora as condições de vida do povo. O que atrapalha os planos individuais das pessoas são empresas privadas irresponsáveis que só visam o lucro e para isso destroem, pagam baixos salários, despedem, poluem, assassinam.

Mises diz que todos os que foram expurgados na União Soviética eram comunistas fanáticos. [93] Tzaristas, aliados de potências estrangeiras, corruptos, espiões dos inimigos, como seriam comunistas? Mas compreende-se quando se descobre que o mesmo Mises defende a Itália fascista como melhor que o comunismo.[94] A que ponto leva o anticomunismo! Mises, que fugiu da Áustria devido à invasão nazista, relativizar o fascismo!

Fica muito claro que Mises fala de um marxismo que ele mesmo inventou quando diz dos socialistas que seriam "... *convencidos – como Marx – de que o capital automaticamente 'gera lucros'*". [95] Seria a mais antimarxista das afirmações! Para Marx o que gera todo

---

93  MISES, Ludwig von. *A Mentalidade Anticapitalista*. Rio de Janeiro: Ed. José Olympio/Instituto Liberal. 1987. P.90.
94  MISES, Ludwig von. *A Mentalidade Anticapitalista*. Rio de Janeiro: Ed. José Olympio/Instituto Liberal. 1987. P.90.
95  MISES, Ludwig von. *A Mentalidade Anticapitalista*. Rio de Janeiro: Ed. José Olympio/Instituto Liberal. 1987. P.30.

o lucro do capital é o trabalho. Mesmo o capital que não está empregando trabalhadores, como aluguéis e juros, tem seu lucro proveniente do trabalho, como se explica n'*O Capital*.

Mises diz que as contribuições partidárias seriam na maior parte das vezes extorquidas. [96] Será que os partidos Democrata e Republicano são assim? Como de costume ele não citou exemplos. Vivia nos EUA. Então de qual partido ele falava?

Diz Mises que "*A imprensa livre só existe onde o controle dos meios de produção é privado*". A história real é que a propriedade das tipografias já era privada antes da imprensa ser livre. A liberdade de imprensa foi, em cada país, um processo político, não um fenômeno econômico. Nos países onde os meios de produção são privados a imprensa foi monopolizada pelos mesmos que monopolizam esses meios de produção, e tornou-se uma máquina de mentir e manipular. Nos EUA, terra da liberdade da utopia de Mises, foi ele mesmo quem disse que "*Hoje em dia não se pode fazer a mínima paródia no palco a respeito dos poderes existentes*".[97] Parece mentira que Mises acredite que: "*Em muitos países, os*

---

96    MISES, Ludwig von. *A Mentalidade Anticapitalista*. Rio de Janeiro: Ed. José Olympio/Instituto Liberal. 1987. P.93.
97    MISES, Ludwig von. *A Mentalidade Anticapitalista*. Rio de Janeiro: Ed. José Olympio/Instituto Liberal. 1987. P.57.

*editores de jornais e revistas ficam apavorados com a ameaça de boicote por parte dos sindicatos. Evitam discussões abertas sobre o assunto e tacitamente cedem às ordens dos líderes sindicais*".[98] E assim Mises se desmente mais uma vez - A propriedade privada não garantiu a liberdade de imprensa nos EUA?

Nas paranóias de Mises existia uma "*A tremenda máquina da propaganda e da doutrinação 'progressista'*" que "*tem tido grande sucesso...*".[99] Sucesso o marxismo tem mesmo se chegar as mãos do sujeito no pior papel, em um livreto velho e sujo. Mas as ideias avançadas, sobretudo as marxistas, têm vivido sob censura explícita ou implícita a maior parte do tempo. Além da censura enfrentam a calúnia, por meio da invenção de um marxismo que não saiu das páginas de Marx, Lênin, Engels etc.

Mises cita erradamente a frase de Marx, "*a cada um de acordo com suas necessidades*", pois acha que é o que se defende de imediato, como medida a ser tomada.[100] Marx estava falando de longos períodos

---

98  MISES, Ludwig von. *A Mentalidade Anticapitalista*. Rio de Janeiro: Ed. José Olympio/Instituto Liberal. 1987. P.56.
99  MISES, Ludwig von. *A Mentalidade Anticapitalista*. Rio de Janeiro: Ed. José Olympio/Instituto Liberal. 1987. P.58.
100  MISES, Ludwig von. *A Mentalidade Anticapitalista*. Rio de Janeiro: Ed. José Olympio/Instituto Liberal. 1987. P.89.

históricos, diferentes, o socialismo e o comunismo. Essa frase só se aplica ao comunismo, quando as máquinas produzirem tudo, tornando-se o trabalho desnecessário. Antes Marx citou um longo período, o socialismo, no qual só seria possível aplicar o princípio, "*a cada um conforme o seu trabalho*", que seria o justo agora.

Mises diz que "*Marx e Engels no Manifesto Comunista defenderam medidas intervencionistas precisas...*". E que "*Eles mesmos descreveram essas medidas como 'economicamente insuficientes e insustentáveis*".[101] É falso, o texto correto é "**parecerão** *insuficientes e insustentáveis, mas que no desenrolar do movimento ultrapassarão a si mesmas e serão indispensáveis para transformar radicalmente todo o modo de produção*". Ou seja, "parecerão", **não são** insuficientes e insustentáveis. E Marx e Engels não estavam falando de nenhuma "medida intervencionista precisa", eles estavam falando de "*uma violação despótica do direito de propriedade e das relações de produção burguesas*", ou seja, de medidas bem gerais. Não tem nada de preciso em dizer que:

---

101    MISES, Ludwig von. *A Mentalidade Anticapitalista*. Rio de Janeiro: Ed. José Olympio/Instituto Liberal. 1987. P.63.

*Essas medidas, é claro, serão diferentes nos vários países.*
*Todavia, nos países mais adiantados, as seguintes medidas poderão geralmente ser postas em prática:*
*1 - Expropriação da propriedade latifundiária e emprego da renda da terra em proveito do Estado.*
*2 - Imposto fortemente progressivo.*
*3 - Abolição do direito de herança.*
*4 - Confiscação da propriedade de todos os emigrados e sediciosos.*
*5 - Centralização do crédito nas mãos do Estado por meio de um banco nacional com capital do Estado e com o monopólio exclusivo.*
*6 - Centralização, nas mãos do Estado, de todos os meios de transporte.*
*7 - Multiplicação das fábricas e dos instrumentos de produção pertencentes ao Estado, arroteamento das terras incultas e melhoramento das terras cultivadas, segundo um plano geral.*
*8 - Trabalho obrigatório para todos, organização de exércitos industriais, particularmente para a agricultura.*
*9 - Combinação do trabalho agrícola e industrial, medidas tendentes a fazer desaparecer gradualmente a distinção entre a cidade e o campo[102].*
*10 - Educação pública e gratuita de todas as crianças, abolição do trabalho das crianças*

---

102  Mais tarde Marx demonstrou que o operário não vende seu trabalho, porém sua força de trabalho. Ver a respeito a Introdução de Engels à obra de Marx, Trabalho Assalariado e Capital, pág. 52 do presente volume (N. da R.).

*nas fábricas, tal como é praticado hoje. Combinação da educação com a produção material, etc."*[103]

São medidas gerais e "*poderão geralmente ser postas em prática*", ou seja, não são uma receita que deva ser aplicada em todo canto, em toda circunstância.

Apesar de demonizar os comunistas como inimigos da liberdade, é Mises quem afirma que "*A sociedade não pode funcionar sem um dispositivo social de coerção e de pressão, isto é, sem o estado e o governo*".[104] Até 5 ou 7 mil anos atrás todas as sociedades humanas existiram sem estado e sem governo. Os comunistas lutam para que a sociedade volte a existir sem coerção social, sem estado e sem governo, e entendem que para isso é necessário abolir as classes sociais. O que exige a existência de estado e coerção é a existência de classes, de uma minoria da população que insiste em escravizar a maioria, e por isso se organiza como estado.

O próprio Mises defende sobre os anticapitalistas que "*Seria desejável que algo fosse feito para refrear sua confusão ou, melhor ainda, eliminar totalmente suas*

---

103 MARX, Karl; ENGELS, Friedrich. *O Manifesto Comunista*. P.16-17.
104 MISES, Ludwig von. *A Mentalidade Anticapitalista*. Rio de Janeiro: Ed. José Olympio/Instituto Liberal. 1987. P.85.

*rodas e grupos sociais"*.[105] Logo em seguida ele volta atrás, mas não deixa de publicar essa frase. Quando se fala, é normal dizer alguma coisa e voltar atrás, mas quando se escreve, se realmente se quer voltar atrás, é só apagar o texto.

Mises afirma que *"o antiliberalismo"* (...) *"Veio disfarçado como socialismo, comunismo, planejamento"*.[106] Mais uma vez ou bem Mises não leu autores marxistas, ou mentiu de propósito. Os marxistas são abertamente antiliberais. Do ponto de vista das ideias políticas e econômicas, e até em questões filosóficas, os marxistas elegem o liberalismo como o seu oposto. Se algum pretenso socialista apresenta posições liberais, os marxistas imediatamente o denunciam como capitalista.

Só nos EUA, uma dita esquerda *"hoje em dia, reivindicam até o adjetivo 'liberal'"*.[107] Mas essa esquerda dos EUA não é socialista, muito menos marxista. Ela é de fato só liberal – luta por direitos civis básicos, como igualdade jurídica para os negros (que não havia na prática nos EUA antes dessas lutas), direitos dos

---

105 MISES, Ludwig von. *A Mentalidade Anticapitalista*. Rio de Janeiro: Ed. José Olympio/Instituto Liberal. 1987. P.101.
106 MISES, Ludwig von. *A Mentalidade Anticapitalista*. Rio de Janeiro: Ed. José Olympio/Instituto Liberal. 1987. P.88.
107 MISES, Ludwig von. *A Mentalidade Anticapitalista*. Rio de Janeiro: Ed. José Olympio/Instittto Liberal. 1987. P.89.

homessexuais, crianças, consumidores, mulheres etc. Não ultrapassam a fronteira das reivindicações do século XVIII. Para ultrapassar o liberalismo e se tornar socialista essa esquerda dos EUA teria, por absurdo que pareça precisar explicar, que defender o socialismo.

Para Mises *"Existe hoje uma falsa frente anticomunista"*. [108] Ele acusa de não serem capitalistas de verdade aos mesmos que os comunistas acusam de não serem socialistas de verdade. Eis o prêmio de quem fica em cima do muro. Para os comunistas, e a história o cofirma, os ditos socialdemocratas são muitas vezes os mais eficientes anticomunistas. Para Mises, o comunismo teria poucas chances no *"ocidente"* se *"não fosse esse anticomunismo falsificado"*. [109] Os comunistas calculam que se não existissem esses socialistas falsificados – os socialdemocratas que dividem as forças de esquerda - a Revolução já teria sido vitoriosa em todo o mundo. Ou seja, outro ponto em que Mises e os socialistas convergem, ou quase, é em não gostar dos "falsos".

Para Mises Sorel com sua defesa da "ação direta", da violência e seu desprezo pelo "esforço intelectual" teria influenciado o Bolchevismo. [110] O

---

[108] MISES, Ludwig von. *A Mentalidade Anticapitalista*. Rio de Janeiro: Ed. José Olympio/Instituto Liberal. 1987. P.103.
[109] MISES, Ludwig von. *A Mentalidade Anticapitalista*. Rio de Janeiro: Ed. José Olympio/Instituto Liberal. 1987. P.105.

Bolchevismo, ou mais precisamente, o leninismo, teve como uma de suas principais características a defesa da importância dos intelectuais e da teoria para o movimento operário e socialista. A defesa dos intelectuais e a crítica dura à "ação direta" e à "ação pela ação" é grande parte de um dos mais importantes livros de Lênin, o *Que Fazer?*

Mises afirmou que *"Um marxista coerente deveria chamar a história de detetive – junto talvez com os filmes de Hollywood, com as histórias em quadrinhos e com a 'arte' do strip-tease – de superestrutura artística da época do sindicalismo e da socialização"*. [111] Quase! É parte da superestrutura da época industrial, eis a formulação marxista coerente. Sobre o strip-tease, Mises nitidamente desconhecia sua antiguidade, atribuindo-a aos tempos atuais. Para Mises as revistas sensacionalistas também seriam anticapitalistas por noticiarem escândalos de pessoas ricas. [112] Já se compreendeu a jogada de Mises. O que é bom seria típico da época capitalista, e o que é

---

110  MISES, Ludwig von. *A Mentalidade Anticapitalista*. Rio de Janeiro: Ed. José Olympio/Instituto Liberal. 1987. P.102.
111  MISES, Ludwig von. *A Mentalidade Anticapitalista*. Rio de Janeiro: Ed. José Olympio/Instituto Liberal. 1987. P.54.
112  MISES, Ludwig von. *A Mentalidade Anticapitalista*. Rio de Janeiro: Ed. José Olympio/Instituto Liberal. 1987. P.69.

ruim seria da "*época do sindicalismo e da socialização*", sem explicar, é claro, que é a mesma época!

Seria um "dogma maxista" que "*quanto mais o capitalismo progride e se aproxima da plena maturidade, mais a imensa maioria de pessoas empobrece*". [113] Alguns marxistas interpretam assim o marxismo, a revelia dos elogios de Marx ao capitalismo, e às evidências que Marx apresenta de que a produtividade não parava de crescer. O assunto, porém, é complexo! Primeiro, que do ponto de vista econômico existe a riqueza como parcela da riqueza social, e nesse caso, a imensa maioria tem empobrecido de fato, mas também podemos pensar a riqueza como poder de consumo, e nesse caso as pessoas todas estão enriquecendo. Em outras palavras, quase todo mundo já foi proletarizado, reduzido a nenhum capital, obrigado portanto a viver de trabalhar para quem tem o capital. Contudo, esses proletários têm cada vez mais bens de consumo. Têm muito mais comida, roupas, utensílios etc, que seus pais e avós, mas nunca deixam de serem pobres, ou seja, não acumulam capital nenhum. Nas palavras de Marx:

---

113    MISES, Ludwig von. *A Mentalidade Anticapitalista.* Rio de Janeiro: Ed. José Olympio/Instituto Liberal. 1987. P.65.

"...podem ampliar seus gastos, provendo-se melhor de roupas, móveis etc., e formar um pequeno fundo de reserva em dinheiro. Roupa, alimentação e tratamento melhores e melhor pecúlio não eliminam a dependência e a exploração do escravo, nem as do assalariado."[114]

Segundo que em alguns casos é necessário diferenciar o Marx cientista do Marx militante, ou melhor, entender que eles conviviam. Marx escrevia que a produtividade crescia, que os produtos se multiplicavam e valiam cada dia menos, assim como relatou conquistas trabalhistas de sua época, como reduções da jornada de trabalho e restrições ao trabalho infantil, mas nunca faria uma afirmação que gerasse conformismo entre os trabalhadores.

### A tese da inveja

Mises diz que uma pessoa se tornaria anticapitalista porque *"toma consciência da própria inferioridade e se sente humilhado"*, [115] e que os anticapitalistas o seriam em busca de *"um mundo mais*

---

114 MARX, Karl. *O Capital.* Livro 1. Volume II. Rio de Janeiro. Bertrand Brasil. 1994. p.717-718.
115 MISES, Ludwig von. *A Mentalidade Anticapitalista.* Rio de Janeiro: Ed. José Olympio/Instituto Liberal. 1987. P.16.

*'justo', que o trate de acordo com seu 'real valor'*". [116] É sua tese central – a tese da inveja, o móvel principal do ser humano imaginado por Mises: "*...as ideias dos revolucionários e dos reformadores encontraram respaldo junto à grande maioria de pessoas ignorantes levadas exclusivamente pelas fortes paixões humanas de inveja e ódio*". [117] E qual a única fonte que Mises usou para isso? Como não cita exemplo, foi ele mesmo.

Claro que comunistas sentem inveja e ódio como qualquer ser humano, mas não teria nenhum sentido se tomar qualquer decisão na vida com base em sentimento nenhum. É racionalmente que se chega ao marxismo. Os militantes que conheci que se aproximaram por razões mais sentimentais que racionais em maioria se decepcionaram. Os sentimentos podem gerar coisas como vingança, arrivismo, caridade etc., mas o comunismo é a tentativa de resolver os problemas cientificamente, o que exige certa frieza, que se encontra nas obras marxistas.

Embora eu não possa citar nomes, o que também seria inútil, porque seriam nomes de pessoas que o leitor não conhece, então não teriam nenhuma validade de

---

116   MISES, Ludwig von. *A Mentalidade Anticapitalista.* Rio de Janeiro: Ed. José Olympio/Instituto Liberal. 1987. P.19.
117   MISES, Ludwig von. *A Mentalidade Anticapitalista.* Rio de Janeiro: Ed. José Olympio/Instituto Liberal. 1987. P.43.

prova para minhas declarações, vou deixar um testemunho que desmente a tese da inveja. É comum encontrar entre os militantes comunistas pessoas ricas, inteligentes, famosas e bonitas, em uma proporção maior que no resto da sociedade, no caso da riqueza gerando até ironias por parte dos anticomunistas (que acham que comunistas fazem voto de pobreza), e permitindo ataques levianos em caso de luta interna. Com o tempo, quanto notei que era praticamente um regra encontrar dessa figuras, passei a tentar entender, e elaborei uma opinião, que disso não passa.

Pessoas psicologicamente saudáveis se sentem mal com os sofrimentos dos desconhecidos. Isso se constata também em chimpanzés e outros parentes. Pessoas que têm tudo, perfeitamente satisfeitas consigo mesmas, só podem se incomodar com os defeitos do mundo que as rodeia, pois é o que resta para atrapalhar o mundo delas. Daí surgem dois caminhos possíveis – a caridade e a revolução. A diferença é que o comunista, que entendeu o marxismo, não se satisfaz com assistencialismo, com ajudar um outro específico. O marxismo é uma tentativa de acabar com os problemas pelas suas raízes, e para isso a ciência, e portanto a razão e certa frieza.

Mais ou menos no mesmo caminho da tese da inveja, Mises afirma que os anticapitalistas lutariam pelo *"patrimônio que lhe cabe por nascença"*.[118] Não, quem luta por preservar heranças são os ricos! Os anticapitalistas lutam por direitos para todos, pelo bem estar geral, e não por assuntos pessoais. Se lutassem, como imagina Mises, somente pelos próprios interesses, obviamente seriam capitalistas. Não que os comunistas acreditem, como Prodhon, que o fim das heranças encerraria o capitalismo, mas o fim das heranças é uma das poucas propostas práticas do *Manifesto Comunista*. Agora, se Mises quer dizer que os comunistas acham que qualquer ser humano, e mesmo qualquer outro animal, nasce com tanto direito ao planeta Terra quanto qualquer outro – Sim, confessamos.

Ainda em caminho semelhante Mises acha que o anticapitalismo resulta de uma avaliação subjetiva. O socialista imaginário pensaria que *"O que o fez fracassar foi sua honestidade. Era decente demais para recorrer aos golpes baixos aos quais seus bem sucedidos rivais devem a supremacia"*. [119] Pelo contrário, os comunistas sabem que não é nenhum detalhe pessoal, nem mesmo a honestidade, que leva alguém a fracassar no mercado. A proletarização, que inclui a falência de milhões de

---

118   MISES, Ludwig von. *A Mentalidade Anticapitalista*. Rio de Janeiro: Ed. José Olympio/Instituto Liberal. 1987. P.39.
119   MISES, Ludwig von. *A Mentalidade Anticapitalista*. Rio de Janeiro: Ed. José Olympio/Instituto Liberal. 1987. P.93.

pequenos negócios todos os anos, é uma lei do capitalismo, quase matemática, e não fruto da desonestidade de concorrentes. A busca de explicações não sistêmicas para o não enriquecimento é o um raciocínio muito distante do marxista.

A tese da inveja é aplicada também ao "homem comum", os não intelectuais. Esses seriam movidos por *"inveja e consequente ressentimento"* não contra seres de carne e osso, mas contra abstrações como a *"administração"*, o "capital" etc. [120] Na Terra o "homem comum" é o que menos tem sentimentos contra o "capital" ou contra qualquer abstração, exatamente por não ser um intelectual. Tem sentimentos contra o patrão abusivo, no muito contra os bancos, mas só se estudar passará disso ao ódio ao capitalismo, pois capitalismo é um conceito, um abstração, uma interpretação da realidade.

Para explicar que alguns ricos se tornam anticapitalistas, Mises imagina um *"ressentimento"* destes contra seus parentes mais ricos e que operam o capital da família. O que explicaria um Engels então? Ele operava o capital da família, não tinha do que reclamar, e foi autor do *Manifesto Comunista*! Acionistas, que ele

---

[120] MISES, Ludwig von. *A Mentalidade Anticapitalista*. Rio de Janeiro: Ed. José Olympio/Instituto Liberal. 1987. P.20.

chama de "*primos*", em desacordo familiar, nas palavras dele, que "*se consideram prejudicados pelos acertos que regulam sua relação financeira com os patrões e com a empresa da família*", tenderiam a se tornarem anticapitalistas. [121] Onde? No mundo de Mises não existem Executivos, nem investidores que vivem de dividendos. É um mundo em que existem só empresas familiares, e os ricos todos se dividem entre os que administram as empresas e os seus parentes, os "primos". No mundo real não são mais os capitalistas que administram nada, mas Executivos assalariados para isso. Os capitalistas não são só parentes de gente rica, mas pessoas cujo "trabalho" é escolher onde investir seu dinheiro, quando também não passam essa tarefa adiante. As pessoas que administram suas próprias empresas não são as mais ricas, são pequenos empresários, com exceção de gênios que se contam nos dedos e trabalham mais por prazer e vaidade que por dinheiro. As grandes empresas atingiram tais dimensões que são dirigidas por equipes, dentro das quais existe divisão do trabalho, formadas por profissionais, os chamados executivos.

---

121   MISES, Ludwig von. *A Mentalidade Anticapitalista.* Rio de Janeiro: Ed. José Olympio/Instituto Liberal. 1987. P.27, 30.

Como Mises parece não ter outra explicação para o anticapitalismo, os intelectuais também teriam inveja dos bem sucedidos financeiramente na mesma área, porque "*Eles o sobrepujam e agora pertencem a uma outra classe de homens. Quando se compara a eles, sente-se humilhado*". [122] Em resumo, homens simples e intelectuais, pobres e ricos, no planeta Mises são movidos por inveja, e o exercício que ele faz é imaginar como a inveja levaria cada um desses ao socialismo.

Como sua ideia central é que as pessoas são anticapitalistas por inveja, ressentimento etc. Mises afirma que "*O indivíduo sabe muito bem que **existem pessoas iguais a ele** que obtiveram sucesso onde ele falhou*". [123] Eis aqui o ponto mais paradoxal do pensamento capitalista, não só de Mises, porque em geral os capitalistas reproduzem isso. Quase todo capitalista acredita piamente que o comunismo é igualitarista, e repete como suposta arma anticomunista que as pessoas são diferentes, por exemplo com a frase "*até os dedos das mãos são diferentes uns dos outros*". Contudo, nas entrelinhas confessam que pensam o oposto, como Mises, que as pessoas são iguais. Seja na

---

122   MISES, Ludwig von. *A Mentalidade Anticapitalista*. Rio de Janeiro: Ed. José Olympio/Instituto Liberal. 1987. P.20.
123   MISES, Ludwig von. *A Mentalidade Anticapitalista*. Rio de Janeiro: Ed. José Olympio/Instituto Liberal. 1987. P.17.

hora de justificar as riquezas, que seriam fruto do esforço partindo de condições iguais, seja na hora de acusar os adversários, que seriam todos igualmente mesquinhos como um capitalista. Ora, se todos fossem iguais, seria só olhar para si mesmo e se conheceria os outros (espelhamento), portanto para um capitalista que no fundo não aceita a diversidade humana todo socialista é só um capitalista que está tentando outro caminho para ficar rico, todo mundo é mesquinho, todo mundo é egoísta, todo mundo é ladrão.

Não, não existe ninguém igual a ninguém, nem um grão de areia igual outro grão de areia, nem uma folha de árvore igual a outra. Foram os pensadores capitalistas do século XVIII que defenderam a igualdade de nascimento de todos os seres humanos, e Marx, pelo contrário, explicou que eles já nascem diferentes. Sobre o igualitarismo é importante que se saiba que o *Manifesto Comunista* o despreza como coisa reacionária:

> A literatura revolucionária que acompanhava esses primeiros movimentos do proletariado teve forçosamente um conteúdo reacionário. Preconizava um ascetismo geral e um grosseiro igualitarismo. [124]

---

[124] MARX, Karl; ENGELS, Friedrich. *O Manifesto Comunista*. P.22.

Engels afirma que para dois seres humanos serem iguais deveriam ser *"despojados de toda a realidade, de todas as relações nacionais, econômicas, políticas, religiosas que se dão na Terra, de todas as peculiaridades de pessoa e de sexo, que só reste neles, tanto em um quanto em outro, o mero conceito de homem"*[125] e logo a frente acrescenta que "não existem duas pessoas que sejam de forma absoluta moralmente identicas".[126] Engels afirma ainda que do seu ponto de vista, ou seja, do ponto de vista marxista, *"o verdadeiro conteúdo do postulado da igualdade proletária é reinvindicar a abolição das classes. Toda outra reivindicação de igualdade que transcenda esses limites se perde necessariamente no absurdo"*.[127] O professor Dühring, alvo de Engels nesses comentários, também achava que as vontades humanas são *"absolutamente idênticas"*.[128]

---

125 ENGELS, Federico. *Anti Dühring: La subversion de la ciência por el señor Eugen Dühring*. Buenos Aires: Editorial Cartago. 1973. Pág. 82-83.
126 ENGELS, Federico. *Anti Dühring: La subversion de la ciência por el señor Eugen Dühring*. Buenos Aires: Editorial Cartago. 1973. Pág. 84.
127 ENGELS, Federico. *Anti Dühring: La subversion de la ciência por el señor Eugen Dühring*. Buenos Aires: Editorial Cartago. 1973. Pág. 89.
128 ENGELS, Federico. *Anti Dühring: La subversion de la ciência por el señor Eugen Dühring*. Buenos Aires: Editorial Cartago. 1973. Pág. 81.

Exemplo de espelhamento (se até as vontades fossem idênticas, para conhecer todos os outros bastaria olhar para si mesmo) muito comum aos defensores do capitalismo é imaginarem que para todo mundo "*Tudo o que o homem consegue ganhar é sempre mera fração do que a sua ambição o impeliu a ganhar*". [129] Seriam todos ambiciosos! Se ele usasse o verbo realizar e substituísse ambição por vontade, por exemplo, sua frase se tornaria correta para centenas de milhões de pessoas que não estão contempladas nessa frase, mas deixaria de ser correta para as centenas de milhões similares a Mises. Se substituísse ganhar por copular, e ambição por desejo, seriam outros os milhões que sim e que não. Ademais, ele não acredita em verdadeiros budistas, ou em pessoas que por algum acaso sejam desprovidas de ambições. Para Mises todos são espelhos de Mises!

## O ressentimento de Mises contra os intelectuais e a cultura

Um dos capítulos do livro aqui estudado de Mises tem como título "*O ressentimento dos intelectuais*", mas retrata é o ressentimento de Mises, ele mesmo um

---

[129] MISES, Ludwig von. *A Mentalidade Anticapitalista*. Rio de Janeiro: Ed. José Olympio/Instituto Liberal. 1987. P.17.

intelectual, contra os *"frívolos intelectuais"*. Para Mises *"A verdade é que os empresários e os organizadores de empresas comerciais demonstram maior capacidade intelectual e intuitiva do que o escritor e o pintor médio"*. [130] Pode ser verdade, mas em todos os casos? Todos os empresários teriam mais capacidade intelectual e intuitiva que todos os escritores e pintores "médios"? O que é um escritor "médio"? É uma forma de criar uma defesa na frase de forma que qualquer artista que a desminta seja alçado acima dos médios?

O método de Mises para "provar" isso é tirar "o intelectual" de sua própria cabeça, e imaginar seu pensamento, do qual fala: *"na sua opinião..."*.[131] Todos os intelectuais pensariam do mesmo jeito, adivinhado por Mises.

Também no caso dos intelectuais, os medíocres e fracassados é que seriam os anticapitalistas, que é a tese central do livro de Mises. [132] Ah, claro! Einstein, Vigotski, Pavlov, Bretch, Niemayer, Portinari, Jorge Amado, Pablo Neruda, Gabriel Garcia Marques, Oscar Wilde, Chico

---

130   MISES, Ludwig von. *A Mentalidade Anticapitalista*. Rio de Janeiro: Ed. José Olympio/Instituto Liberal. 1987. P.19,101.
131   MISES, Ludwig von. *A Mentalidade Anticapitalista*. Rio de Janeiro: Ed. José Olympio/Instituto Liberal. 1987. P.21.
132   MISES, Ludwig von. *A Mentalidade Anticapitalista*. Rio de Janeiro: Ed. José Olympio/Instituto Liberal. 1987. P.20-21.

Buarque, Maiakovsk, Einseinstain, Picasso, Galeano, Paulo Freire, Owen, Drummond, Graciliano Ramos, Gorki, Jara etc, etc. são ou eram de esquerda porque *"Sabiam muito bem que não eram suficientemente brilhantes ou diligentes"*?[133]

Desconhecendo a força dos partidos comunistas e socialistas na Europa, Mises afirmou que o anticapitalismo seria maior entre os intelectuais dos EUA que da Europa.[134] Seria porque na Europa eles são incluídos na *"boa sociedade"*, e nos EUA seriam desprezados pelos ricos.[135] Talvez isso explique o esforço, os objetivos, do próprio Mises, para que ele imagine que algo assim é tão importante para toda a humanidade. Chega a propor que os ricos os incluam, portanto a ele mesmo, na "boa sociedade". Os ricos deveriam fazer isso porque "...*a auto segregação o isola e gera animosidades*...".[136] Que a auto segregação isola e gera animosidades é um fato, o resto é ridículo. E é uma ilusão romântica a convivência prolongada entre

---

133 MISES, Ludwig von. *A Mentalidade Anticapitalista*. Rio de Janeiro: Ed. José Olympio/Instituto Liberal. 1987. P.89.
134 MISES, Ludwig von. *A Mentalidade Anticapitalista*. Rio de Janeiro: Ed. José Olympio/Instituto Liberal. 1987. P.21.
135 MISES, Ludwig von. *A Mentalidade Anticapitalista*. Rio de Janeiro: Ed. José Olympio/Instituto Liberal. 1987. P.22.
136 MISES, Ludwig von. *A Mentalidade Anticapitalista*. Rio de Janeiro: Ed. José Olympio/Instituto Liberal. 1987. P.24.

intelectuais e ricos não-intelectuais, porque os intelectuais sentem necessidade de semelhantes.

Sobre a cultura predominante na época capitalista qualquer um é obrigado a concordar com Mises que "...*quase todos os romances e peças publicados hoje em dia não passam de lixo*", uma vez que "*Os grandes negócios tendem, na verdade, a uma padronização das formas de consumo e de divertimento do povo*", de forma que "*O não-conformista e inovador tem pouca esperança de vender seus livros no mercado usual*". [137] São afirmações que caberiam na boca de qualquer socialista. Curioso é que no mesmo livro Mises tinha antes afirmado que "*A essência da indústria do espetáculo é a variedade*". [138] Se ele estivesse falando de circos, seria verdade, mas da indústria o correto é o que ele disse nas páginas 43, 52 e 53 de seu livro. Os filmes, por exemplo, se repetem, disfarçando os mesmos poucos roteiros com atores, cenários e nomes diferentes. As músicas são simplórias, repetitivas. Repetem-se as fórmulas de sucesso, porque o objetivo é vender. E se é enjoativo, melhor ainda para as vendas.

---

137  MISES, Ludwig von. *A Mentalidade Anticapitalista*. Rio de Janeiro: Ed. José Olympio/Instituto Liberal. 1987. P.53, 43, 52.
138  MISES, Ludwig von. *A Mentalidade Anticapitalista*. Rio de Janeiro: Ed. José Olympio/Instituto Liberal. 1987. P.32.

É curioso que também é verdade, como disse Mises, que "*O capitalismo encoraja o inovador*". [139] Estimula o desenvolvimento de máquinas e processos que reduzam os custos de produção. Não é contraditório que o capitalismo encoraje o inovador e que o inovador tenha pouca esperança de sucesso no mercado de livros? Sim, é, mas não é um engano, não foi Mises que se desmentiu, é a realidade que é contraditória, complexa. E o inovador, apesar de encorajado, raramente é recompensado pelo capitalismo.

Também não é possível negar que "*Cada época tem caráter próprio em suas realizações artísticas*"?[140] Só resta acrescentar, o que não contradiz a frase, que é cada espaço/época, e que não há um determinismo estilístico, ou seja, em toda época e local existem exceções quando se trata de arte.

Os problemas aparecem quando ao tratar de gostos artísticos Mises diz que "*Entre os que se pretendem homens educados existe muita hipocrisia*", dando mais um exemplo de seu ressentimento contra os intelectuais. [141] Essa estranha afirmação condiz com o

---

139   MISES, Ludwig von. *A Mentalidade Anticapitalista*. Rio de Janeiro: Ed. José Olympio/Instituto Liberal. 1987. P.50.
140   MISES, Ludwig von. *A Mentalidade Anticapitalista*. Rio de Janeiro: Ed. José Olympio/Instituto Liberal. 1987. P.75.
141   MISES, Ludwig von. *A Mentalidade Anticapitalista*. Rio

que ele tinha dito no parágrafo anterior, que *"Apenas as pessoas tocadas pela centelha da mentalidade artística têm condições de apreciar e de desfrutar da obra de um artista"*. [142] Seria um dom, bem à moda calvinista.

Ou seja, Mises não entendia que existe educação artística, a qual faz qualquer pessoa apreciar a arte, e que educação artística se faz em grande parte com história da arte, explicando a *"hipocrisia"* das pessoas "supostamente" educadas assim – *"Assumem ares de conhecedores e simulam entusiasmo pela arte do passado e pelos artistas falecidos há muito tempo"*. [143]

Será difícil entender que o tempo seleciona? Na época de Mozart existiam milhares de outros compositores espalhados pelo mundo todo, a maioria esquecidos. Não foi uma conspiração que fez Mozart, Bethoven, Bach etc. serem os poucos lembrados. Portanto é natural que quem os ouve várias vezes passe a ter entusiasmo por eles, visto que se não fossem bons estariam entre os esquecidos. Aliás, se o entusiasmo sumir é que eles serão esquecidos!

---

de Janeiro: Ed. José Olympio/Instituto Liberal. 1987. P.74.
142   MISES, Ludwig von. *A Mentalidade Anticapitalista*. Rio de Janeiro: Ed. José Olympio/Instituto Liberal. 1987. P.74.
143   MISES, Ludwig von. *A Mentalidade Anticapitalista*. Rio de Janeiro: Ed. José Olympio/Instituto Liberal. 1987. P.74.

Diga-se de passagem, é verdade quando ele diz na página seguinte que o capitalismo gerou artistas numerosos e de qualidade, mas ao contrário dele, somos otimistas quanto ao futuro.[144] Nessa mesma página ele cita cientistas e pensadores da era capitalista, mas se esqueceu de citar Karl Marx, Engels, Lênin etc., o que teria sido um golpe de pena maestral. Mas Mises não tinha estômago para os usar em um argumento. Teria para os lê-los?

---

[144] MISES, Ludwig von. *A Mentalidade Anticapitalista*. Rio de Janeiro: Ed. José Olympo/Instituto Liberal. 1987. P.75.

# Capítulo 3

# O capitalismo utópico

O capitalismo de Mises é todo imaginário, como as utopias normalmente são. Mises tem coragem de negar que "*Os magnatas*" (...) "*subornam senadores e governadores, juízes e policiais. Enganaram clientes e empregados*".[145] O noticiário de qualquer semana que o leitor escolher desmente Mises.

Mises acha que o capitalismo foi "*realizado por um pequeno número de autores e por uma quantidade pouco maior de homens de estado que assimilaram os ensinamentos desses autores*", ou seja, que o capitalismo foi criado conscientemente.[146] Ele repete, "*A civilização ocidental adotou o capitalismo por recomendação de uma pequena elite*".[147] Uma elite pensou em uma sociedade perfeita, e a colocou em prática! Eis a teoria de Mises sobre a origem do

---

145 MISES, Ludwig von. *A Mentalidade Anticapitalista*. Rio de Janeiro: Ed. José Olympio/Instituto Liberal. 1987. P.68.
146 MISES, Ludwig von. *A Mentalidade Anticapitalista*. Rio de Janeiro: Ed. José Olympio/Instituto Liberal. 1987. P.36.
147 MISES, Ludwig von. *A Mentalidade Anticapitalista*. Rio de Janeiro: Ed. José Olympio/Instituto Liberal. 1987. P.37.

capitalismo. A diferença da utopia de Mises para a maioria das outras, é que quase toda utopia imagina um mundo perfeito no futuro, e Mises acha que o mundo perfeito é o capitalismo do presente mesmo. Ou seja, para ele "...*se Ricardo Coração de Leão e Filipe Augusto, ao invés de se envolverem com as Cruzadas, tivessem implantado o livre-câmbio, ter-nos-iam economizado quinhentos anos de miséria e ignorância*"[148], como ironizou Engels.

É a mesma crença de que os seres humanos podem escolher a época histórica em que vivem que leva a absurda afirmação de que "*os asiáticos e os africanos não adotaram as ideologias e políticas que teriam tornado possível a evolução do capitalismo nativo*" pelo fato de "*elas se apegarem a métodos primitivos de produção*".[149] Seria uma escolha. O sujeito nasceu em uma aldeia de pescadores, só sabe pescar, só tem acesso a barcos, redes etc., mas se quisesse poderia virar fabricante de tecido, acionista da bolsa etc. Que fantástico é o planeta Mises!

Para Mises o capitalismo é socialismo, ou seja, o controle social sobre os meios de produção, o poder dos

---

148 MARX, K, ENGELS, F. *Cartas Filosóficas e Outros Escritos*. São Paulo: Grijalbo. 1977. p.43.
149 MISES, Ludwig von. *A Mentalidade Anticapitalista*. Rio de Janeiro: Ed. José Olympio/Instituto Liberal. 1987. P.79.

trabalhadores. Nas palavras dele - "*O controle dos meios materiais de produção é uma função social, sujeita à confirmação ao à revogação pelos consumidores soberanos*". [150] Quem nos dera! Comunistas lutam para que o controle dos meios de produção seja social, ou seja, coletivo, comum, o que se pode fazer por via estatal, porque sob o capitalismo não é assim. Os meios de produção têm sido cada dia mais concentrados sob o capitalismo nas mãos de poucos particulares, em tais montantes que não se pode esperar que se desconcentre por força dos consumidores. A bem da verdade, nem ao se tratar de pequenos empresários é verdade que os consumidores tenham tal poder. Os consumidores são forçados a consumir o que se oferece no mercado, e os empresários vivem tentando reduzir custos, portanto a qualidade. A qualidade quando cresce é por força da ciência, e ou do poder aquisitivo (mais dinheiro resulta em produtos de luxo, o que pode resultar em mais qualidade), não da vontade da maioria dos empresários.

Outra boa é quando Mises afirma que:

> *não existem grandes nem nobres mantendo a ralé submissa, coletando tributos e impostos, banqueteando-se suntuosamente*

---

150 MISES, Ludwig von. *A Mentalidade Anticapitalista*. Rio de Janeiro: Ed. José Olympio/Instituto Liberal. 1987. P.9.

*enquanto os servos devem contentar-se com as migalhas.* [151]

Não? Enquanto bilhões de pessoas estão na miséria não existem milionários a toa? Os Estados não cobram impostos dos pobres e pagam dividendos da "dívida" pública aos banqueiros? A massa do povo não é mantida submissa pela minoria de poderosos?

Mises tentou disfarçar os verdadeiros capitalistas sob o eufemismo de "*primos*". Viveriam de juros porque seriam a parte não operante da família rica.[152] E ainda tenderiam a ser anticapitalistas!? Para ele o capitalismo real é anticapitalista. Ele repreende os que "*compram obrigações do tesouro, ficam nas mãos do governo que promete salvaguardá-los dos riscos do mercado*".[153] Não compreende que os mais ricos capitalistas de seu tempo, pois já era assim por todo o século XX, têm seu dinheiro investido em obrigações do tesouro dos EUA, e de outros países, assim como espalhados por diversos setores. Isso faz deles "acionistas" do governo, de que ganham parte dos impostos. Grande parte do que se negocia em

---

151  MISES, Ludwig von. *A Mentalidade Anticapitalista.* Rio de Janeiro: Ed. José Olympio/Instituto Liberal. 1987. P.9.
152  MISES, Ludwig von. *A Mentalidade Anticapitalista.* Rio de Janeiro: Ed. José Olympio/Instituto Liberal. 1987. P.27-28.
153  MISES, Ludwig von. *A Mentalidade Anticapitalista.* Rio de Janeiro: Ed. José Olympio/Instituto Liberal. 1987. P.27.

bolsas de valores são títulos de dívidas públicas. Mises desconhece o impulso que a criação da dívida pública dos EUA, ainda pelo presidente Hamilton, deu para o capitalismo desse país.

Mises disse que a função dos capitalistas seria *"determinar com que finalidade os fatores de produção deverão ser utilizados a fim de servirem da melhor maneira possível às necessidades dos consumidores, isto é, determinar o que deve ser produzido, em que quantidades e com que qualidade"*. [154] Não eram os consumidores que decidiam? Eis o mundo mágico de Mises, quando é para fazer apologia do capitalismo são os consumidores que decidem tudo, *"Todos, ao comprar ou ao deixar de comprar, são membros da suprema corte que atribui a todas as pessoas – e portanto também a si – um lugar definido na sociedade"*. [155] Ou seja, o mendigo faz parte do tribunal que decidiu que ele deve ser mendigo, isso porque ele gosta mais disso que daquilo, se gostasse mais de chá, poderia ser magnata... Mas quando é para arranjar uma serventia para os capitalistas, decidir se torna uma função dessa minoria!?!? É um mundo sem Executivos, o de Mises, em

---

154 MISES, Ludwig von. *A Mentalidade Anticapitalista*. Rio de Janeiro: Ed. José Olympio/Instituto Liberal. 1987. P.26.
155 MISES, Ludwig von. *A Mentalidade Anticapitalista*. Rio de Janeiro: Ed. José Olympio/Instituto Liberal. 1987. P.94.

que os capitalistas trabalham administrando suas próprias empresas. É de fato um método antigo dos defensores do capitalismo, falar das empresas como se fosse ainda a época em que cada empresa era pouco mais que uma oficina administrada pelo seu dono, ou seja, da época pré-industrial. Diga-se de passagem, só para não gerar mal entendidos, Marx defendia a necessidade de gestores para dirigir vários trabalhadores, *"tão necessário quanto o comando de um general no campo de batalha"*.[156] Mas esse comando não tem nada a ver com o que faz o capitalista financeiro, o tipo hoje dominante. Tem sido exercido por executivos, que são empregados.

Em uma das poucas vezes que Mises cita alguma fonte anticapitalista do mundo real, é Lênin, dizendo que os métodos de administração já foram *"simplificados ao máximo pelo capitalismo, acabando por tornarem-se as operações extraordinariamente simples de vigiar, registrar e emitir recibos, ao alcance de todos os que sabem ler, escrever, e conhecem as quatro operações elementares de aritmética"*.[157] E tanto é assim que hoje

---

156 MARX, Karl. *O Capital. Livro 1: O Processo de Produção do Capital*. Volume 1. Rio de Janeiro: Civilização Brasileira. 1980. P.379.
157 MISES, Ludwig von. *A Mentalidade Anticapitalista*. Rio de Janeiro: Ed. José Olympio/Instituto Liberal. 1987. P.27.

são executivos, ou seja, trabalhadores, que fazem isso, e não os donos do capital. É curioso que Mises escolheu citar somente *O Estado e a Revolução*, que não é um livro de economia.

No planeta de Mises o capitalismo *"Suprimiu a tortura..."*.[158] É fato que as Revoluções dos EUA e Francesa condenaram a tortura, e desde então torturas são cada vez mais reprovadas. Mas a tortura, infelizmente, continuou e continua acontecendo. Os EUA mesmo, paraíso dos capitalistas, ensinou métodos de tortura e exportou aparelhos de tortura para ditaduras de todo o mundo. Sob o capitalismo foram criados novos aparelhos de tortura, com o uso, por exemplo, da eletricidade.

Essas mesmas Revoluções colocaram em pauta o fim das penas cruéis, de forma que Mises diz que o capitalismo *"Pôs fim às punições cruéis..."*.[159] Mais uma vez é necessário relativizar isso. De fato, a bandeira dessas revoluções capitalistas para as penas foi a prisão, e passados 200 ano é fácil notar que a prisão pode ser até mais cruel do que os castigos físicos.

---

158 MISES, Ludwig von. *A Mentalidade Anticapitalista*. Rio de Janeiro: Ed. José Olympio/Instituto Liberal. 1987. P.86.
159 MISES, Ludwig von. *A Mentalidade Anticapitalista*. Rio de Janeiro: Ed. José Olympio/Instituto Liberal. 1987. P.86.

Mises diz que o capitalismo "*Anulou todos os privilégios...*".[160] Não, ele os substituiu todos por um só – o da riqueza! Sendo a pessoa rica ela vive de lucros e não precisa trabalhar. Isso não é privilégio na prática? Nos termos de Marx e Engels:

> Onde quer que tenha conquistado o Poder, a burguesia calcou aos pés as relações feudais, patriarcais e idílicas. Todos os complexos e variados laços que prendiam o homem feudal a seus "superiores naturais" ela os despedaçou sem piedade, para só deixar subsistir, de homem para homem, o laço do frio interesse, as duras exigências do "pagamento à vista". Afogou os fervores sagrados do êxtase religioso, do entusiasmo cavalheiresco, do sentimentalismo pequeno-burguês nas águas geladas do cálculo egoísta. Fez da dignidade pessoal um simples valor de troca; substituiu as numerosas liberdades, conquistadas com tanto esforço, pela única e implacável liberdade de comércio. Em uma palavra, em lugar da exploração velada por ilusões religiosas e políticas, a burguesia colocou uma exploração aberta, cínica, direta e brutal.[161]

---

160 MISES, Ludwig von. *A Mentalidade Anticapitalista*. Rio de Janeiro: Ed. José Olympio/Instituto Liberal. 1987. P.86.
161 MARX, Karl; ENGELS, Friedrich. *O Manifesto Comunista*. P.6.

Mises teve a coragem de afirmar que "*Ninguém sofre necessidade na economia de mercado pelo fato de algumas pessoas serem ricas*".[162] Não, elas sofrem PARA que algumas pessoas sejam ricas. O capitalismo precisa ter constantemente um exército de mão de obra de reserva, ou seja, desempregados. Sem desempregados desesperados por empregos, os trabalhadores exigem mais salários, como de fato acontece em épocas de baixo desemprego. Os capitalistas desde o século XVIII se esforçam por manter certos níveis de desemprego. Esse "*exército industrial de reserva*" é uma "*condição de existência do modo de produção capitalista*"[163] Já existem até mesmo teorias econômicas liberais que admitem a necessidade do desemprego e falam de um "desemprego desejável" ou "ideal", em torno de 4 a 7% da PEA.

Mises discorda dos anticapitalistas que dizem que a "*miséria cresce mais rápido que a população e a riqueza*". [164] Por certo cresce mais rápido que a população, e nos EUA já são mais de 40 milhões de

---

162  MISES, Ludwig von. *A Mentalidade Anticapitalista*. Rio de Janeiro: Ed. José Olympio/Instituto Liberal. 1987. P.43.
163  MARX, Karl. *O Capital*. Livro 1. Volume II. Rio de Janeiro. Bertrand Brasil. 1994. p.733.
164  MISES, Ludwig von. *A Mentalidade Anticapitalista*. Rio de Janeiro: Ed. José Olympio/Instituto Liberal. 1987. P.42.

pessoas recebendo tickets alimentação do governo. Não é contraditório que um modo de produção que gera tantas riquezas e elevou tanto o padrão de vida gere tantos miseráveis? Sim, é uma contradição do capitalismo, a mais escandalosa. A riqueza capitalista se firma sobre a miséria, com a qual se ameaça os trabalhadores. Sob o capitalismo a miséria não é causada por falta de meios de consumo, ela existe porque essa é a forma de organização socioeconômica.

Mises em um momento nega que "*Existe muito de tudo para todos*", de forma que fica parecendo que ele está criticando o capitalismo. [165] O capitalismo é o modo de produção em que mais se gerou riqueza, bem estar etc. ou não é? Fato é que existe, sim, muito de tudo para todos, e em quantidade crescente. O que gerou essa quantidade de bens de consumo foi o capitalismo, e o que faz de um quarto a um terço dos seres humanos viverem na miséria enquanto tanta coisa é desperdiçada também é o capitalismo. Não é que os ricos fiquem com a parte dos pobres para consumirem, é que eles precisam que os pobres sejam pobres para serem escravos assalariados.

---

165   MISES, Ludwig von. *A Mentalidade Anticapitalista.* Rio de Janeiro: Ed. José Olympio/Instituto Liberal. 1987. P.78.

Quando lhe convém Mises diz o contrário, que "...*o capitalismo, ao gerar a produção em larga escala para o consumo das massas, é essencialmente um sistema que liquida com a penúria na medida do possível*".[166] Deveria ser! É o que falta à sociedade industrial – que se liquide não só a penúria, mas a pobreza em geral. Produtividade para isso já existe. Mas o capitalismo é exatamente fazer pessoas pobres trabalharem pelo medo da miséria, de forma que não pode fazer o que seria de se esperar, apesar da imensa riqueza que produz.

Diz Mises que a prosperidade dos EUA se deve a que "*seu governo resistiu mais tempo, em relação aos governos de outras partes do mundo, a adotar uma política de obstrução dos negócios*".[167] Os EUA se desenvolveram praticando exatamente o contrário, um rígido protecionismo econômico - O desenvolvimento dos EUA foi muito maior no pós Guerra de Secessão do que antes. O que mudou? Leis de 1861, 1862 e 1864 estabeleceram fortes tarifas alfandegárias. Sem essas tarifas as indústrias do Norte não poderiam concorrer com os produtos ingleses. Há quem diga, e os

---

166   MISES, Ludwig von. *A Mentalidade Anticapitalista*. Rio de Janeiro: Ed. José Olympio/Instituto Liberal. 1987. P.65.
167   MISES, Ludwig von. *A Mentalidade Anticapitalista*. Rio de Janeiro: Ed. José Olympio/Instituto Liberal. 1987. P.4.

documentos o reforçam, que o verdadeiro motivo da guerra foi a criação dessas taxas, que o Sul não aceitou. Ao menos foi o estopim. Foi contra essas taxas que os estados do Sul iniciaram a secessão. As leis protecionistas dos EUA duraram décadas, e chegaram ao seu auge em 1930, quanto foram tão elevadas que geraram o protesto de 34 nações.[168] Os EUA nunca deixaram de ser protecionistas. Entrar com um produto no mercado dos EUA não é fácil. E o governo Trump voltou a aumentar o protecionismo.

Com o mesmo atropelo da história Mises afirma que:

> A pobreza das nações atrasadas é devida ao fato de que sua política de expropriação, taxação discriminatória e controle da moeda estrangeira impede o investimento do capital estrangeiro, enquanto sua política interna evita a acumulação do capital nativo. [169]

No mundo real é exatamente o contrário. Os países atrasados são os que não expropriam nada, não taxam os ricos e deixam o capital estrangeiro fazer o que

---

[168] SELLERS, Charles; MAY, Henry; MCMILLEN, Neil. *Uma Reavaliação da História dos Estados Unidos: De Colônia a Potência Imperial*. Rio de Janeiro: Jorge Zahar Editor. 1985. Pág. 196, 314.
[169] MISES, Ludwig von. *A Mentalidade Anticapitalista*. Rio de Janeiro: Ed. José Olympio/Instituto Liberal. 1987. P.80.

quiser. Invadidos por capital estrangeiro, não acumulam capital nativo.

Diga-se de passagem, a primeira burguesia a conseguir se desenvolver até a industrialização no oriente foi a japonesa, e foi com políticas muito opostas às preconizadas por Mises. A Revolução Meiji foi um dos processos mais intervencionistas em economia que já se viu na história recente da humanidade. O governo central tomou a frente da construção do parque industrial japonês, de forma estatal.[170]

Desconhecendo o sistema colonial Mises afirma que "*é absurdo culpar o capitalismo e as nações ocidentais capitalistas pelas condições que os povos atrasados criaram para si mesmos*". [171] Claro! Os africanos vieram para a América a nado, trabalhar nas nossas plantações e minas! Os índios pediam para serem mortos e escravizados. As tropas europeias vieram para a América em missões humanitárias, e encheram nosso continente de fortalezas por razões estéticas. Não são culpados de serem donos das terras e das empresas dos países pobres, nem de pagar salários de fome para os nativos, nem de poluírem e destruírem

---

[170] ALLEN. G. C. Breve História Economica del Japon Moderno (1867-1937). Madrid: Editorial Tecnos. 1980.
[171] MISES, Ludwig von. *A Mentalidade Anticapitalista*. Rio de Janeiro: Ed. José Olympio/Instituto Liberal. 1987. P.80.

sua natureza, nem de assassinarem índios e ambientalistas que entram em seu caminho. A culpa é das vítimas!

Mas muito mais importante é o que disse Karl Marx a respeito:

> A escravidão direta é o pivot de nosso atual industrialismo, tanto quanto as máquinas, o crédito etc. Sem a escravidão não haveria algodão; sem algodão não haveria industria moderna. Foi a escravidão que deu valor às colônias; as colônias criaram o comércio mundial, e o comércio mundial é a condição necessária da grande indústria mecanizada. Assim, antes do tráfico negreiro, as colônias forneciam ao Velho Mundo apenas uns poucos produtos e não provocavam nenhuma mudança visível na face da terra.[172]

O capitalismo de Mises é o mundo da liberdade. Nele "*O operário tem a liberdade de procurar o emprego que lhe for mais adequado*", [173] "*as pessoas têm "a liberdade de escolher a profissão com a qual pretendem servir seus semelhantes*",[174] e "*Todo adulto é livre para*

---

172 MARX, K, ENGELS, F. *Cartas Filosóficas e Outros Escritos*. São Paulo: Grijalbo. 1977. p.20.
173 MISES, Ludwig von. *A Mentalidade Anticapitalista*. Rio de Janeiro: Ed. José Olympio/Instituto Liberal. 1987. P.93.
174 MISES, Ludwig von. *A Mentalidade Anticapitalista*. Rio de Janeiro: Ed. José Olympio/Instituto Liberal. 1987. P.93.

*moldar sua vida de acordo com seus próprios planos"*.[175] Já no planeta Terra as pessoas têm uma liberdade legal de mudar de emprego se aparecer outro emprego que lhes apeteça, mas na prática o desemprego é grande, todos os empregos são quase a mesma coisa, e os operários têm que aceitar ou perder o salário. Na prática, como diz o *Manifesto*, os trabalhadores *"Não são somente escravos da classe burguesa, do Estado burguês, mas também diariamente, a cada hora, escravos da máquina, do contramestre e, sobretudo, do dono da fábrica"*. Ainda sobre esse assunto Marx e Engels lembram que *"cada homem tem um círculo de atividade determinado e exclusivo que lhe é imposto e do qual não pode sair"*, e portanto é necessário avançar para o momento em que:

> *cada homem não tem um círculo exclusivo de atividade, mas pode se formar em todos os ramos que preferir, a sociedade regula a produção geral e, precisamente desse modo, torna possível que eu faça hoje uma coisa e amanhã outra, que cace de manhã, pesque de tarde, crie gado à tardinha, critique depois da ceia, tal como me aprouver, sem ter que me tornar caçador, pescador, pastor ou crítico"*.[176]

---

175 MISES, Ludwig von. *A Mentalidade Anticapitalista*. Rio de Janeiro: Ed. José Olympio/Instituto Liberal. 1987. P.9.

Ou seja, Marx e Engels queriam uma liberdade que os ditos defensores da liberdade acham impossível.

Quando diz que as pessoas têm sob o capitalismo a liberdade de *"lutar pela posição que desejam"* está certo. De "lutar" todos têm direito até para irem para outro planeta, o de Mises, pois é uma liberdade dada pela natureza, não pelo capitalismo. Conseguirem é outra coisa!

Mises cita exemplos isolados de liberdade capitalista, como a vida de Karl Marx em Londres no século XIX, mas o próprio Mises vivia nos EUA, que em 1972, quando escreveu, proibia comunistas até de entrar no país. [177]

Também revelador do tipo de liberdade capitalista é que Mises festeja o *"notável papel atribuído à literatura da Grécia antiga na educação da elite"* e diz que *"o conteúdo essencial da ideologia grega era a busca da liberdade"*.[178] A Grécia antiga repousava sobre a escravidão. A única liberdade que os gregos conheciam

---

176 MARX, Karl; ENGELS, Friedrich. *A Ideologia Alemã*. São Paulo: Expressão Popular. P.49.
177 MISES, Ludwig von. *A Mentalidade Anticapitalista*. Rio de Janeiro: Ed. José Olympio/Instituto Liberal. 1987. P.91-92.
178 MISES, Ludwig von. *A Mentalidade Anticapitalista*. Rio de Janeiro: Ed. José Olympio/Instituto Liberal. 1987. P.87.

era a liberdade dos senhores de escravos. Já a(s) ideologia(s) dos gregos eram sobretudo religiosas, tendo tido a ideia de liberdade papel temporário e limitado. Mas Mises não devia entender perfeitamente o conceito de ideologia, que devia reduzir a opinião política. É verdade quando Mises confessa que os gregos "*Não eram menos sinceros em sua exaltação e busca da liberdade do que o seriam, dois mil anos mais tarde, os donos de escravos entre os signatários da Proclamação da Independência norte-americana*".[179] Realmente, eram ambos senhores de escravos.

**A tese do mérito**

Como em um livro de autoajuda, Mises, como quase todos os defensores do capitalismo pretende que é "*culpa exclusivamente sua se você não conseguir sobrepujar o rei do chocolate, a estrela de cinema e o campeão de boxe*", pois "*cada um é a origem de sua própria sorte*";[180] "*A situação de vida de cada um depende de seus próprios feitos*".[181] Esta afirmação

---

179 MISES, Ludwig von. *A Mentalidade Anticapitalista*. Rio de Janeiro: Ed. José Olympio/Instituto Liberal. 1987. P.88.
180 MISES, Ludwig von. *A Mentalidade Anticapitalista*. Rio de Janeiro: Ed. José Olympio/Instituto Liberal. 1987. P.15, 19.
181 MISES, Ludwig von. *A Mentalidade Anticapitalista*. Rio

aparentemente otimista é pressuposto da defesa de que é característica do capitalismo "*tratar cada um de acordo com a contribuição que este oferece ao bem-estar do seu semelhante*", ou quase plagiando uma frase de Marx sobre o socialismo, que o capitalismo recompensa "*a cada um de acordo com seus feitos*".[182] Os ricos seriam "*pessoas que se fizeram pelo próprio esforço e que partiram do mesmo ponto de onde ele começou.*".[183] Em resumo, o capitalismo seria justo, pois as desigualdades seriam culpa dos pobres. No mundo real a maioria dos ricos nasceu rica, e poucos pobres têm a mais mínima chance de saírem da condição de pobres. Os pioneiros quase sempre quebram. Os custos de um estabelecimento industrial baseado em invenções novas é alto.[184]

Também é absurdo que "*Os empresários, os capitalistas e os tecnólogos prosperam na medida em que melhor atendem aos consumidores*".[185] Tecnólogos

---

de Janeiro: Ed. José Olympio/Instituto Liberal. 1987. P.16.
182   MISES, Ludwig von. *A Mentalidade Anticapitalista*. Rio de Janeiro: Ed. José Olympio/Instituto Liberal. 1987. P.17.
183   MISES, Ludwig von. *A Mentalidade Anticapitalista*. Rio de Janeiro: Ed. José Olympio/Instituto Liberal. 1987. P.17.
184   MARX, Karl. *O Capital. Livro 3: O Processo Global de Produção Capitalista*. Volume 1. Rio de Janeiro: Civilização Brasileira. 1980. P.116, 128.
185   MISES, Ludwig von. *A Mentalidade Anticapitalista*. Rio de Janeiro: Ed. José Olympio/Instituto Liberal. 1987. P.43.

são quase sempre trabalhadores explorados, que não ficam com os frutos de seus estudos. Capitalistas de verdade não lidam com o público, lidam com seus gerentes de banco e com seus administradores de capitais. Os melhores empresários, que melhor atendem ao público, muitas vezes fracassam porque o que aumenta os lucros é reduzir custos, e isso muitas vezes sequer mantém a qualidade. O comum é que se reduza custos empregando matérias primas de pior qualidade, e quem resiste a isso corre o risco de quebrar. Os governos é que têm criado leis que exigem requisitos básicos de qualidade, e mesmo com essas leis vários empresários são pegos fazendo fraudes prejudiciais até à saúde pública.

Ainda sobre a tese do mérito, Mises diz que "*A riqueza somente pode ser adquirida pelo atendimento ao consumidor*". [186] Mises vivia em um mundo sem herança, sem ladrões, sem corruptos, sem loteria, sem sorte, sem golpes e sobretudo sem exploração. Além disso, no mundo de Mises as empresas que reduzem custos em prejuízo dos consumidores e trabalhadores são uma exceção e os monopólios não existem.

---

186  MISES, Ludwig von. *A Mentalidade Anticapitalista*. Rio de Janeiro: Ed. José Olympio/Instituto Liberal. 1987. P.9.

A mesma tese é repetida mil vezes - os ricos seriam ricos graças à *"avaliação por parte de seus semelhantes, que aplicarão somente o critério de suas necessidades, desejos e objetivos pessoais"*. [187] Ou dito de outra forma, *"os empresários que fornecem de forma melhor e mais barata todas as coisas necessárias à satisfação desses desejos tornam-se ricos"*.[188] Mises mais uma vez iguala pequenos empresários a capitalistas, dizendo que ambos perdem sua fortuna *"assim que outras pessoas os superam num atendimento aos consumidores de forma melhor e mais barata"*.[189] Isso vale para o empresário, destacadamente para o pequeno, não para o capitalista financeiro. Todas essas afirmações são para convencer de que *"O sistema de preço e de mercado do capitalismo é um tipo de sociedade na qual o mérito e os empreendimentos determinam o sucesso ou a derrota do homem."*.[190] Que homem pobre, o de Mises, que não tem vitórias

---

187  MISES, Ludwig von. *A Mentalidade Anticapitalista*. Rio de Janeiro: Ed. José Olympio/Instituto Liberal. 1987. P.14.
188  MISES, Ludwig von. *A Mentalidade Anticapitalista*. Rio de Janeiro: Ed. José Olympio/Instituto Liberal. 1987. P.93.
189  MISES, Ludwig von. *A Mentalidade Anticapitalista*. Rio de Janeiro: Ed. José Olympio/Instituto Liberal. 1987. P.12.
190  MISES, Ludwig von. *A Mentalidade Anticapitalista*. Rio de Janeiro: Ed. José Olympio/Instituto Liberal. 1987. P.18.

amorosas, científicas, religiosas, filosóficas, artísticas etc., só financeiras.

Na verdade, os pioneiros geralmente vão à falência. Os verdadeiros capitalistas não lidam com o público, com os consumidores, só com dinheiro, e distribuem tanto seus investimentos que se um ramo quebra, o capital investido nos demais sobrevive. Sobre quanto se ganha, salários correspondem ao custo de (re)produção da mão de obra, e lucros correspondem ao volume de capital oscilando em torno da taxa média. Se uma pessoa com seu capital produz e emprega dezenas de trabalhadores, nem por isso recebe lucros maiores que outra que mantém seu dinheiro no banco, ou em imóveis. Se é útil, nem por isso recebe mais que o especulador inútil que tenha o mesmo volume de capital.

Outra forma de culpar os pobres por serem pobres é afirmando que *"os capitalistas estão sempre à procura de pessoas que se disponham a utilizar as reservas monetárias deles da maneira mais lucrativa possível"*. [191] Fato é que falta onde investir capital desde o século XIX. O capital cresce mais rápido do que as opções de investimento. Porém a frase de Mises dá a entender que qualquer pobretão pode entrar em um

---

191   MISES, Ludwig von. *A Mentalidade Anticapitalista*. Rio de Janeiro: Ed. José Olympio/Instituto Liberal. 1987. P.93.

banco, pegar dinheiro emprestado, e virar empresário. Pelo contrário, empresas que já têm equipamentos, mercado, experiência etc. ainda têm dificuldade de conseguir empréstimos. Os capitalistas querem garantia de lucros, que os pobres não podem lhes dar.

Para reforçar a tese do mérito, Mises afirma um fato confirmado pelos historiadores (embora existam exceções) que as "*Grandes fortunas vão diminuindo e por último desaparecem totalmente...*". [192] Isso, porém, não acontece a favor da desconcentração de capital. Pelo contrário, o que acaba com as velhas fortunas é que o capital continua se concentrando. Também se deve entender que no século XX surgiram fortunas tão grandes que demorarão mais gerações que o normal para se evaporarem.

Mises explica de forma novelesca a redução das fortunas, dizendo que "*essa dispersão da fortuna já tem início no decurso da vida do homem de negócios quando seu ânimo, energia e desenvoltura enfraquecem sob o impacto da idade, cansaço e doença, quando termina sua habilidade para ajustar a condução dos negócios à estrutura de mercado em contínua mutação*". [193] Se

---

[192] MISES, Ludwig von. *A Mentalidade Anticapitalista*. Rio de Janeiro: Ed. José Olympio/Instituto Liberal. 1987. P.27, 93.
[193] MISES, Ludwig von. *A Mentalidade Anticapitalista*. Rio de Janeiro: Ed. José Olympio/Instituto Liberal. 1987. P.27.

estivesse falando de um mestre artesão do século XVII estaria muito correto!

É verdade que *"Os que adquiriram fortuna no passado são forçados a lutar para mantê-la dia a dia na competição com os demais"*.[194] Isso só não é positivo, no sentido de estimular a produtividade, como Mises sonha. No mundo real os ricos tentam monopolizar o mercado e assim aumentar os preços. Também tentam obter vantagens sobre seus concorrentes por meio de legislação e corrupção. Alguns fazem de tudo para conter o progresso, na certeza de que o mesmo acelerará a dissolução da própria fortuna, a exemplo de comprar e engavetar patentes, ou até de assassinar cientistas. Muitos se tornam especuladores, agiotas etc.

Mises repete esse mesmo raciocínio - *"Os capitalistas perdem suas reservas monetárias se deixarem de investir no tipo de produção que melhor satisfaz as solicitações do público"*.[195] O que o marxismo chama de capitalistas são pessoas que vivem de seus capitais, não de gerenciar empresas. Os capitalistas industriais perderam a primazia entre seus pares já em meados do século XIX. De lá para cá capitalistas mesmo

---

194 MISES, Ludwig von. *A Mentalidade Anticapitalista*. Rio de Janeiro: Ed. José Olympio/Instituto Liberal. 1987. P.94.
195 MISES, Ludwig von. *A Mentalidade Anticapitalista*. Rio de Janeiro: Ed. José Olympio/Instituto Liberal. 1987. P.9.

são uma gente que distribui seu dinheiro por diversos tipos de investimentos, sobretudo especulativos, desde as dívidas públicas de diferentes países, passando por coquetéis de ações, propriedades etc., de forma que se um desses setores quebrar, os outros continuam firmes. Essas pessoas só perdem seu capital se o capitalismo todo mundial quebrar, ou se colocarem os ovos todos em uma mesma cesta e derem azar (eles não administram mais nada, portanto é como se apostassem, embora com chances enormes).

É uma verdade mentirosa, uma meia verdade, uma enganação portanto, que *"outras pessoas, nascidas na pobreza, chegam a eminentes posições e consideráveis rendimentos"*. [196] A quantidade de pobres que enriquecem é ínfima, e mais importante, mais gente empobrece do que enriquece sob o capitalismo, no qual o caminho natural é a concentração, a monopolização. Porém, a ilusão de que pobres podem enriquecer é uma das principais formas de dominação sobre os pobres.

A tendência geral do capitalismo é a proletarização, na medida que é a concentração do capital em poucas mãos, não é um problema pessoal, nem uma abertura de oportunidades, ou justiça, como

---

196    MISES, Ludwig von. *A Mentalidade Anticapitalista*. Rio de Janeiro: Ed. José Olympio/Instituto Liberal. 1987. P.94.

sugere Mises. As famílias deixam de ser ricas porque gente mais rica engole seus negócios.

Ainda sobre as fortunas diz Mises que a manutenção de fortuna em famílias se deveria *"às instituições e medidas políticas que foram ditadas por tendências anticapitalistas"*. [197] A herança? Mais uma vez a herança. Mais uma vez Phroudon.

É básico entender que sob o capitalismo as pessoas não são ricas, nem têm sucesso pelo mérito. Não se deve, para combater o capitalismo, combater o mérito, porque isso é aceitar a mentira capitalista. O mérito deve sim ser premiado, mas isso é socialismo, ou como propôs Marx: "A cada um segundo o seu trabalho".

---

197 MISES, Ludwig von. *A Mentalidade Anticapitalista.* Rio de Janeiro: Ed. José Olympio/Instituto Liberal. 1987. P.27.

## Capítulo 4

## A abstração econômica de Mises

Economia para Mises seria *"tão diferente das ciências naturais e da tecnologia e, por um outro, da história e da jurisprudência, que parece estranha e antipática ao iniciante."* Isso seria porque as pessoas *"ficam confusas e desistem de lutar seriamente com problemas cuja análise requer um forte esforço mental"*.[198] Existe melhor base concreta para estudar economia do que a história econômica? Das ciências humanas a economia é uma das que mais gera tecnologias, ou melhor, é voltada para isso, uma vez que com ela se tenta políticas econômicas, que em muitos casos não passam de tecnologia. É também uma das que pode se basear em fatos concretos, históricos.

É, porém, muito revelador do "método" de Mises estudar a economia, que é puramente teórico. Economia seria *"'uma teoria abstrata"*.[199] A economia marxista é bem diferente disso. Também tem abstração, sobretudo n'*O Capital*, mas busca suas bases, suas informações,

---

198   MISES, Ludwig von. *A Mentalidade Anticapitalista*. Rio de Janeiro: Ed. José Olympio/Instituto Liberal. 1987. P.37.
199   MISES, Ludwig von. *A Mentalidade Anticapitalista*. Rio de Janeiro: Ed. José Olympio/Instituto Liberal. 1987. P.46.

na história, nas estatísticas, nas notícias, no mundo físico.

A ideia de economia completamente abstrata só poderia resultar em conceitos completamente fora da realidade. A pobreza conceitual de Mises é alarmante, como se nota quando ele diz que "*o planejamento, o estado previdenciário, o socialismo*" são tudo uma coisa só, e "*...não há diferença do ponto de vista econômico entre socialismo e comunismo. Ambos os termos, socialismo e comunismo, expressam o mesmo sistema de organização econômica da sociedade...*".[200]

Tratando-se de um debate conceitual, não existe uma resposta correta como um resultado de uma conta matemática. O que se pode falar é de conceito tal para autor tal, só para evitar confusões e enganações. Dez pensadores diferentes podem ter dez conceitos muito diferentes de capitalismo. O que não é correto é debater um conceito como se todos estivessem falando da mesma coisa, e assim confundir o leitor.

Contudo é possível falar de pobreza conceitual. Se uma pessoa não tem palavras diferentes para diferenciar coisas diferentes como estado previdenciário, socialismo e comunismo, ela tem uma deficiência.

---

200  MISES, Ludwig von. *A Mentalidade Anticapitalista*. Rio de Janeiro: Ed. José Olympio/Instituto Liberal. 1987. P.60-61.

O mundo está cheio de países cujo modo de produção dominante é o capitalista, mas que no entanto têm uma rede previdenciária razoável. Socialismo e comunismo são modos de produção, formas como a sociedade se organiza para produzir. Socialismo é um modo de produção tão diferente do comunismo que nele ainda existe trabalho, classes sociais, Estado etc. Comunismo é o nome que Marx dá a um modo de produção sem classes, sem Estado, o que só é possível com completa robotização. Não é necessária muita inteligência para entender a diferença.

A abstração da realidade explica o choque de ideias entre Mises e a história. Diz Mises que "*Não existe uma espécie de economia mista, um sistema que se situe entre o capitalismo e o socialismo*".[201] Na história o que não existe é um modo de produção puro! Quando se diz, por exemplo, "Roma era escravista", deve-se entender que as partes dominantes do império romano eram escravistas, que os senhores de escravos eram a classe dominante do império, que a escravidão sustentava o poder romano. Mas sob o domínio de Roma havia outros modos de produção. No Egito, mesmo após o domínio romano, se manteve o modo de produção asiático. Roma

---

201   MISES, Ludwig von. *A Mentalidade Anticapitalista*. Rio de Janeiro: Ed. José Olympio/Instituto Liberal. 1987. P.63.

dominava centenas de povos, cada um com seu modo de vida. Várias tribos ainda estavam quase na idade da pedra. O capitalismo também é assim. Não é puro nem nos países mais desenvolvidos. Em algum buraco sobrevive alguma escravidão, alguma forma de servidão etc. Com o socialismo acontece o mesmo, conviverá com o capitalismo, talvez por séculos, e talvez até com modos de produção mais velhos.

**Humanidade estática**

Mises achava que "*as pessoas atribuem todo o aperfeiçoamento das condições econômicas ao progresso das ciências naturais e da tecnologia*". [202] Não é verdade que as pessoas pensam assim, mas seria bom que fosse, porque em grande medida é isso que acontece. A produção pode aumentar sem progressos técnicos/organizacionais, mas a produtividade, dificilmente. Do ponto de vista econômico, as grandes melhorias de vida das últimas décadas são fruto da ciência e da tecnologia, por um lado, e das lutas sociais por outro. São complementares e se retroalimentam. Não

---

202  MISES, Ludwig von. *A Mentalidade Anticapitalista*. Rio de Janeiro: Ed. José Olympio/Instituto Liberal. 1987. P.37.

é "a economia", como uma receita de bolo, que melhora as "condições econômicas".

As pessoas também acreditariam que existe uma *"tendência automática no sentido do avanço progressivo das ciências naturais experimentais e de sua aplicação na solução dos problemas tecnológicos".* [203] Essa tendência natural existe, mas infelizmente as pessoas não advinham isso. Professores de história são testemunhas de que é necessário ensinar isso, que no entanto é praticamente a única constante da história da humanidade. Aí está Mises, provando que há quem desconheça algo tão simples. Desde a idade da pedra até hoje não só acontecem avanços como eles têm se acelerado. O muito que se pode dizer é que existem fases de desenvolvimento lento entremeadas com períodos muito criativos.

Acreditariam ainda que *"essa tendência é irresistível e inerente ao destino da humanidade, e sua ação se exerce independentemente da organização política e econômica da sociedade".* [204] E realmente é irresistível e se impõe, embora não de forma linear, nem independente! A organização política e econômica das

---

203 MISES, Ludwig von. *A Mentalidade Anticapitalista*. Rio de Janeiro: Ed. José Olympio/Instituto Liberal. 1987. P.37.
204 MISES, Ludwig von. *A Mentalidade Anticapitalista*. Rio de Janeiro: Ed. José Olympio/Instituto Liberal. 1987. P.37.

sociedades às vezes tenta barrar o desenvolvimento das forças produtivas. Existem fases de grande crescimento, e fases de crescimento lento. As fases, digamos, criativas, conhecidas, mais importantes foram – há 2 milhões de anos quando se criaram os primeiros instrumentos com um designer nitidamente inteligente e se dominou o fogo (1,5 mi); há cerca de 40 a 30 mil anos o período criativo do paleolítico superior, quando surgiu a arte, a aliança com os cães e muitas outras coisas se aperfeiçoaram; No final do mesolítico, ou início do neolítico, quando surgiu um mundo humano todo novo, com a agricultura; Os primeiros milênios do chamado modo asiático de produção (Egito, Mesopotâmia) e também em momentos posteriores no caso da China e da Índia, com a escrita, a matemática, arquitetura, hidráulica, medicina, astronomia e nos casos posteriores o papel, a bússola, a pólvora etc.; A auge do escravismo no Mediterrâneo, os filósofos e cientistas Greco-romanos; O finalzinho da idade média na Europa, com o Renascimento e a revolução científica; Os últimos 250 anos, com um acelerado desenvolvimento gerado pelo capitalismo. Só com esse detalhamento é que se torna verdade que os marxistas sabem que os avanços *"prosseguirão, portanto, sob qualquer outro sistema de organização econômica da sociedade"*. [205] As formas de organização social se sucedem para dar vazão aos avanços econômicos. Se um modo de produção barra esse desenvolvimento, logo cai, e, diga-se de passagem, só cai nesse caso.

### Poupança e capital

Sem nenhum dado histórico Mises afirmou que *"Poupar, acumular capital é a atividade que transformou, passo a passo, a complicada procura de alimento pelo homem das cavernas em formas modernas de indústria"*. [206] Pensemos a respeito, método que é o único que Mises usa, mas usemos dados reais - Há 2 milhões de anos começaram a ser construídos os primeiros instrumentos de pedra com algum designer. Naturalmente, com os primeiros instrumentos rústicos foram construidos outros instrumentos mais elaborados, uns só de usar em coisas macias, e outros de usar em pedras para se construir novos instrumentos. Esses instrumentos de construir instrumentos, cada um, pôde construir talvez centenas de outros instrumentos, antes de se gastarem. Não foi economizando sua maior riqueza material, seus

---

205   MISES, Ludwig von. *A Mentalidade Anticapitalista*. Rio de Janeiro: Ed. José Olympio/Instituto Liberal. 1987. P.38.
206   MISES, Ludwig von. *A Mentalidade Anticapitalista*. Rio de Janeiro: Ed. José Olympio/Instituto Liberal. 1987. P.40.

instrumentos, que nossos parentes das eras da pedra desenvolveram sua economia, mas trabalhando e gastando! Se não gastassem suas ferramentas, com trabalho, não teriam as multiplicado.

Observando o conjunto da sociedade, a maioria dos instrumentos de fabricar instrumentos não podem ser comidos, nem usados para adquirir e trabalhar a comida. Só podem ser consumidos construindo outros instrumentos. Contudo, eles são limites da riqueza social – não se pode construir mais pontas de lança, por exemplo, do que aquelas para as quais existem instrumentos de pedra mais dura para fabricá-los. Não é uma questão de economia, é uma questão de quanto da riqueza social se destina à produção de meios de produção, uma vez que sem eles não se pode adquirir meios de consumo. Na era da pedra era uma questão de quanto se trabalhava construindo instrumentos de construir instrumentos. Contudo, nunca foi uma escolha! Os homens da pedra viviam na carência de comida, e não podiam gastar muito tempo parados em uma pedreira. Foi geração após geração, sem saberem que isso acontecia, que os nossos ancestrais foram aumentando seus meios de produção, descobrindo o mundo, aperfeiçoando técnicas, tudo custando quase só trabalho, que se confundia com o viver.

Essa incursão desinformada de Mises pela pré-história é um reforço para a ideia que justifica a existência dos capitalistas, ideia de que o capital "*É criado e aumentado pela poupança e mantido pela abstenção dos gastos*". [207] Repetição da pregação luterana e calvinista.

Como diz o *Manifesto*, "O capital não é, pois, uma força pessoal; é uma força social", e não um fruto dos sacrifícios dos ricos. "*O capital é um produto coletivo: só pode ser posto em movimento pelos esforços combinados de muitos membros da sociedade, e mesmo, em última instância, pelos esforços combinados de todos os membros da sociedade.*"

O próprio Mises, no que Marx concordaria, explicou que todos os componentes do capital são perecíveis. Não tem nada a ver com abstenção de gastos por parte dos ricos, porque, primeiro, não se come máquinas, segundo, não se come para várias pessoas. Ou seja, se a sociedade investir mais em máquinas, e em máquinas de construírem máquinas, aumenta seu capital. A questão é no que se gasta, não quanto se economiza, e é social, e os operadores do capital pouca escolha têm a respeito – o que os operadores realmente podem

---

[207] MISES, Ludwig von. *A Mentalidade Anticapitalista*. Rio de Janeiro: Ed. José Olympio/Instituto Liberal. 1987. P.81.

decidir não é tanto quanto vão economizar, mas onde vão colocar o dinheiro disponível, sempre crescente, e com crescentes dificuldades de encontrar boas taxas de lucro. Como disse o banqueiro Ricardo, "*Não há erro maior que o de supor que o capital aumenta por não ser consumido*", pois "*todos os produtos de um país são consumidos*" e:

> Quando dizemos que renda é economizada e adicionada ao capital, queremos dizer que a parte da renda da qual se afirma ter sido adicionada ao capital é consumida por trabalhadores produtivos e não por trabalhadores improdutivos.[208]

Mises persevera nesse "erro maior", porque tem que legitimar o capital: "*Resultam da conduta de pessoas prósperas que poupam e se abstêm de gastar, isto é, os capitalistas que ganham juros; e das pessoas que são bem-sucedidas ao utilizar o capital disponível para a melhor satisfação possível das necessidades dos*

---

208 MARX, Karl. *O Capital. Livro 1: O Processo de Produção do Capital*. Volume 2. Rio de Janeiro: Editora Bertrand Brasil. 1994. P.685.

*consumidores, isto é, os empresários que ganham lucros"*.[209]

Eis que a riqueza seria gerada pelos rentistas! São duas mentiras. Primeiro, que a poupança por conduta pessoal enriquece a sociedade, aliás, em oposição ao próprio Mises quando corretamente explicou que consumindo é que se estimula o crescimento da produção e da produtividade, no já citado exemplo da TV. Todo o luxo, todo o disperdício, que um rico possa torrar, é coisa ínfima diante do capital atualmente disponível. Ademais, o que faz crescer a produtividade é a concorrência, que estimula a busca de custos menores de produção. Nem o acumulo, nem a falta de capital podom mais do que estimular e desestimular esse processo. Se essa relação existisse, a Inglaterra nunca teria perdido sua primazia para os EUA, nem os EUA estaria perdendo para a China, uma vez que o país que já tem a maior concentração de capital continuaria crescendo mais rápido que os que têm menor concentração, e nunca poderia ser ultrapassado. Historicamente acontece exatamente o oposto, de duas maneiras. Primeiro, o crescimento é desigual, tem velocidades diferentes em sociedades diferentes.

---

[209] MISES, Ludwig von. *A Mentalidade Anticapitalista*. Rio de Janeiro: Ed. José Olympio/Instituto Liberal. 1987. P.81.

Segundo, os países de capitalismo mais antigo, onde se concentrou muito capital, crescem mais lentamente que os de capitalismo recente. Os períodos de crescimento geram acumulo de capital, mas o contrário não acontece.

Ademais, o que gera crescimento de uma economia não é a produção de bens de consumo, mas de bens de produção, ou seja, maquinário, portanto aço, energia etc. A chamada economia de base. Já os bens de consumo, mesmo que não sejam consumidos são quase todos de curta duração, e acabam de qualquer forma, tornando a poupança completamente inútil.

Para o capital ser fruto da poupança dos ricos, não pode ser fruto do trabalho. Então Mises tem que dizer que os trabalhadores acreditam que *"teria sido por seu mérito que – na era do capitalismo – {o cociente} entre o valor dos produtos gerados pelas indústrias processadoras e o número de mãos empregadas a produtividade tendeu a aumentar"*. Quem dera soubessem disso! De fato, goste ou não Mises, foi o sangue e o suor dos trabalhadores que fizeram tudo o que existe. Como diz Mises, isso se faz pelo emprego de *"melhores ferramentas e máquinas"*, mas isso não muda o fato de que são os trabalhadores que fazem isso, e que fizeram as ferramentas e as máquinas. [210] Mas para

---

210     MISES, Ludwig von. *A Mentalidade Anticapitalista*. Rio

Mises, "*eles apenas se beneficiam das mudanças para as quais nada contribuíram*"!? ²¹¹ As máquinas de Mises já são como as do comunismo de Marx, pois fazem tudo sozinhas, sem trabalho.

Para justificar a existência de uma classe de parasitas é necessário supervalorizar o capital. Diz Mises que "*O que distingue as condições industriais modernas nos países capitalistas das condições das eras pré-capitalistas assim como das que existem hoje nos países chamados subdesenvolvidos é o volume de oferta de capital*".²¹² Eis uma meia verdade, método muito usado por Mises. Que a oferta de capital tem crescido incessantemente é um fato de milhões de anos! Começamos como um bando com algumas pedras e hoje somos bilhões com infraestrutura cuja descrição seria longa etc. Portanto é lógico que o presente apresente a maior oferta do mesmo. Usando o mesmo raciocínio poderíamos dizer que o que distingue o capitalismo é a maior urbanização, ou a maior população, ou a maior poluição etc. Um sofisma, que "funciona" com qualquer característica que se possa atribuir ao capitalismo.

---

de Janeiro: Ed. José Olympio/Instituto Liberal. 1987. P.39.
211   MISES, Ludwig von. *A Mentalidade Anticapitalista*. Rio de Janeiro: Ed. José Olympio/Instituto Liberal. 1987. P.40.
212   MISES, Ludwig von. *A Mentalidade Anticapitalista*. Rio de Janeiro: Ed. José Olympio/Instituto Liberal. 1987. P.40.

Ademais, essa frase de Mises é uma forma rebuscada de dizer que os países ricos são ricos por que são ricos.

A apologia do capital é coisa velha. Já o *Manifesto* dizia que

> Alega-se ainda que, com a abolição da propriedade privada, toda a atividade cessaria, uma inércia geral apoderar-se-ia do mundo.
> Se isso fosse verdade, há muito que a sociedade burguesa teria sucumbido à ociosidade, pois que os que no regime burguês trabalham não lucram e os que lucram não trabalham. Toda a objeção se reduz a essa tautologia: não haverá mais o trabalho assalariado quando não mais existir capital.

**A produtividade "marginal", os salários e preços**

Mises achava que estava dizendo algo desconhecido dos marxistas ao escrever que *"Falar da produtividade do trabalho só faz sentido se isso se refere à produtividade marginal do trabalho, isto é, à dedução no rendimento líquido a ser causada pela eliminação de um operário"*.[213]

---

213 MISES, Ludwig von. *A Mentalidade Anticapitalista*. Rio de Janeiro: Ed. José Olympio/Instituto Liberal. 1987. P.82.

Mas Marx já tinha escrito no século anterior que *"A produtividade da máquina mede-se, por isso, pela proporção em que ela substitui força de trabalho do homem"*. E por isso é que *"Há mero deslocamento de trabalho quando a produção de uma máquina custa tanto trabalho quanto o que ela economiza ao ser aplicada, não diminuindo portanto o trabalho exigido para produzir determinada quantidade de mercadoria nem aumentando a força produtiva do trabalho"*.[214] Portanto *"a aplicação da maquinária, para o capital, fica limitada pela diferença entre o valor da máquina e o valor da força de trabalho que ela substitui"*.[215] Note-se que os antimarxistas em geral fazem muita celeuma a respeito do conceito de "produtividade marginal" que teria desbancado Marx... Se querem desbancar Marx, deviam começar por lê-lo.

Para Mises existe uma relação entre salários e *"produtividade marginal"* (a única diferença entre a produtividade marginal de Mises e "produtividade" para Marx, como se viu acima, é que para o primeiro a questão é contábil, é quanto "rende" o trabalho de um operário para a empresa, só em dinheiro, enquanto para

---

214  MARX, Karl. *O Capital. Livro 1: O Processo de Produção do Capital.* Volume 1. Rio de Janeiro: Civilização Brasileira. 1980. P.445.
215  MARX, Karl. *O Capital. Livro 1: O Processo de Produção do Capital.* Volume 1. Rio de Janeiro: Civilização Brasileira. 1980. P.447.

Marx é quanto ele produz de fato, em quantidade por hora). Daí Mises acredita que "*O empregador de um mordomo impede que ele se empregue numa fábrica e deve, por isso, pagar o equivalente ao aumento no rendimento que a utilização adicional de um operário numa fábrica iria proporcionar*".[216]

Se existisse a relação sugerida por Mises entre salários e "produtividade marginal", diferentes ramos de empresas multinacionais, que produzem a mesma coisa em plantas de países diferentes, pagariam os mesmos salários em todos os países. Não pagam! Pagam pouco mais ou pouco menos o que for o salário médio do país que estiverem explorando.

Sobretudo para o trabalho não especializado, o que define o salário é o custo de vida, como o descobriu David Ricardo antes de nascerem Marx e os pais de Mises. É de fato o custo de produção da força de trabalho, mas para os trabalhadores simples este não passa de custo de vida.

Essa ilusão de Mises é mais uma que o aproxima dos socialistas utópicos, superados por Marx. Alguns deles buscavam descobrir quanto seria o salário justo de

---

[216] MISES, Ludwig von. *A Mentalidade Anticapitalista*. Rio de Janeiro: Ed. José Olympio/Instituto Liberal. 1987. P.84.

um trabalhador (uma utopia) por meio de cálculos contábeis.

Como para Mises haveria essa ligação entre salários e produtividade, aconteceria aumento salarial quando "*o aumento no capital investido ultrapassa o aumento no número de operários*".[217] Não passa de outra forma de descrever produtividade, a não ser que Mises esteja falando de aumento da jornada (sem aumento de salário), exceção que ele não fez, o que seria outro erro. Vejamos – um operário trabalhava 1000 dólares em matérias primas e desgaste de maquinário por dia. O aumento do capital acima do aumento do número de operários só pode significar que o mesmo operário trabalhará mais do que esse valor por dia. Só pode significar, se a jornada de trabalho for a mesma, que ele aumentou o número de peças produzidas por hora. Nem ele poderia fazer isso com o mesmo maquinário de antes, nem faria sentido trocar o maquinário se não fosse para o operário produzir mais mercadorias por hora. O fato de Mises observar pelo viés contábil - o "*rendimento que a utilização de um operário numa fábrica iria proporcionar*" – o impediu de notar que se a jornada de trabalho aumentar, cresce o capital por operário sem crescer a

---

[217] MISES, Ludwig von. *A Mentalidade Anticapitalista*. Rio de Janeiro: Ed. José Olympio/Instituto Liberal. 1987. P.84.

produtividade. Mostra também que sua perspectiva é a do capitalista – se cresce a jornada de trabalho cresce a produção total, e do ponto de vista contábil cresceu a produtividade, pois os mesmos salários de antes movimentam mais matérias primas. Mas a produção de operário por hora não cresce e pode até decair pelo cansaço do trabalhador. Ademais, um caso de aumento de jornada sem aumento de salário é idêntico a uma redução de salários, desmentindo completamente a tese de Mises.

Diz Mises que *"os salários percebidos por todos esses trabalhadores são hoje muito mais elevados do que antigamente"*. [218] Os salários, como sempre em uma economia de mercado, para trabalhos não qualificados correspondem ao custo da produção de mão de obra, ou seja, ao custo de vida. Mas custo de vida varia historicamente. Hoje em dia não se pode deixar de usar calçados, que eram raridade até alguns séculos atrás, ou mesmo de usar a internet, que não existia há poucos anos. Em questão de poder de consumo dos assalariados é verdade, de coisas industrializadas. Mas as coisas não industrializadas, como terras, mostram que

---

218   MISES, Ludwig von. *A Mentalidade Anticapitalista*. Rio de Janeiro: Ed. José Olympio/Instituto Liberal. 1987. P.84.

na verdade os salários estão valendo muito menos em relação ao total de riqueza.

No planeta Mises "*As tentativas de impor aumentos de salário superiores aos que seriam determinados pela liberdade de mercado provocam o desemprego em massa que se estende ano após ano*".[219] Reduzir os salários reduz o consumo, portanto reduz os empregos. Aumentar salários aumenta o consumo e os empregos. O desemprego tem crescido porque as máquinas aumentam a produtividade, ou seja, aumentam a quantidade de produtos que pode ser feita em uma mesma hora de trabalho, dispensando trabalhadores, e como já explicamos, o capitalismo necessita de desemprego.

Já quando trata do poder de consumo dos assalariados Mises se aproxima da realidade, mas "esquece" alguns detalhes:

> *O que melhorou padrão de vida dos assalariados é o fato de que os bens de capital por operário desejoso por receber salário cresceram. Como consequência desse fato, uma quantidade cada vez maior do total dos bens utilizáveis produzidos vai para os assalariados.*[220]

---

219 MISES, Ludwig von. *A Mentalidade Anticapitalista*. Rio de Janeiro: Ed. José Olympio/Instituto Liberal. 1987. P.59.

Tirando o fato de que por "padrão de vida" Mises está entendendo sobretudo poder de consumo, a única coisa errada aí é o determinismo. É como se toda a produtividade fosse necessariamente parar nos colos dos trabalhadores. Ao mesmo tempo pressupõe que todo o dinheiro que os capitalistas controlam vira capital produtivo. São duas mentiras. Grande parte de tudo o que se produz vai para o lixo, ou fica em estoques por muito tempo. Grande (e crescente) parte do capital acumulado vai para atividades não produtivas. Mises ainda "esqueceu" o desemprego.

Ou seja, o poder de consumo cresce porque a revolução industrial gera a médio prazo uma constante deflação, embora camuflada por constante desvalorização monetária. Mises diz que *"A expansão do crédito provoca a recorrência de crises econômicas e de períodos de recessão. A inflação faz com que subam os preços de todas as mercadorias e serviços"*. [221] O que gera as crises cíclicas são a superprodução e a especulação. O crédito, pelo contrário, pode até ser um remédio contra **algumas** crises, enquanto para outras é

---

220   MISES, Ludwig von. *A Mentalidade Anticapitalista*. Rio de Janeiro: Ed. José Olympio/Instituto Liberal. 1987. P.85.
221   MISES, Ludwig von. *A Mentalidade Anticapitalista*. Rio de Janeiro: Ed. José Olympio/Instituto Liberal. 1987. P.59.

alimento. Nota-se que Mises não consegue diferenciar valor de preço, pois para ele desvalorização econômica é igual inflação, contrariando sua própria teoria sobre como o capitalismo gera fartura.

Se desvalorização monetária e inflação fossem a mesma coisa, de um século para cá, com astronômica desvalorização monetária em todo o mundo, o poder de consumo teria caída até todos morrerem de fome. Mas pelo contrário, um trabalhador comum de hoje consome muito mais do que os de um século atrás.

Mises tem coragem de afirmar sobre as teses monetaristas, anti-sindicais, anti-intervencionistas que *"Nenhum pseudo-economista 'progressista' jamais tentou negá-las"*. [222] Já foram todas refutadas antes de Mises nascer. O monetarismo é uma simplificação grosseira, o antissindicalismo é ódio de classe, e o anti-intervencionismo é ignorância sobre história econômica.

### A impossibilidade do "cálculo econômico"

Muitos capitalistas repetem, como Mises, que *"O socialismo é impraticável enquanto sistema econômico porque uma sociedade socialista não teria qualquer*

---

222   MISES, Ludwig von. *A Mentalidade Anticapitalista*. Rio de Janeiro: Ed. José Olympio/Instituto Liberal. 1987. P.59.

*possibilidade de recorrer ao cálculo econômico."* E que o socialimo é *"É uma forma de desintegrar a cooperação social e de gerar pobreza e caos"*. [223] Já no planeta Terra, mesmo as revolução cheias de falhas do século XX provaram o contrário – foram capazes de, apesar de partirem da completa pobreza, gerar tanta cooperação social que deram a seus cidadãos a qualidade de vida de países ricos.

E porque com planejamento seria impossível o "cálculo econômico"? Porque para Mises há a *"ilusão de que é possível determinar com quanto cada um dos vários fatores complementares de produção contribuiu fisicamente para o surgimento do produto"*. [224] Para os marxistas essa questão nem existe. É o trabalho que transforma as matérias primas com o uso de meios. Ou seja, o trabalho produz 100% na visão marxista. Assim, no exemplo de Misis, *"Se alguém corta uma folha de papel com um tesoura, é impossível atribuir as cotas do produto que cabem à tesoura (ou a cada uma das lâminas) ou à pessoa que a manipulou"*. [225] Para os

---

223 MISES, Ludwig von. *A Mentalidade Anticapitalista*. Rio de Janeiro: Ed. José Olympio/Instituto Liberal. 1987. P.94.
224 MISES, Ludwig von. *A Mentalidade Anticapitalista*. Rio de Janeiro: Ed. José Olympio/Instituto Liberal. 1987. P.82.
225 MISES, Ludwig von. *A Mentalidade Anticapitalista*. Rio de Janeiro: Ed. José Olympio/Instituto Liberal. 1987. P.82.

marxistas é possível, sim – da mercadoria produzida (duas metades de uma folha de papel), o papel entra com seu preço completo, a tesoura entra com o seu desgaste, e todo o resto que se puder apurar foi produzido pelo trabalho humano.

Contudo, o marxismo não estudou isso para se fazer cálculos para gerenciar uma sociedade, muito menos uma empresa, mas para entender uma sociedade que quer superar. Para gerenciar sociedades socialistas o que se deve levar em conta são outros fatores, e de outro ponto de vista – é a quantidade disponível de trabalho, matéria prima, e energia. O objetivo deve ser o crescimento mais acelerado possível das forças produtivas e sobretudo da produtividade, e ao mesmo tempo a melhoria constante das condições de vida, sem desperdícios.

Assim como existem empresas gigantescas, mundiais em suas atividades, que intercalam várias atividades, sem dinheiro precisar circular dentro da mesma empresa, de um escritório para outro, de uma fábrica para outra, é possível com toda a produção social, como se uma só empresa tivesse engolido todas as outras do mundo. Vamos a um exemplo. A coorporação gigantesca X compra a gigantesca Y, e unifica as duas. Naturalmente fábricas das duas passarão a trabalhar umas para as outras (serviços, matérias-primas, energia etc.) sem dinheiro ser trocado, e isso não impossibilita a contabilidade. Por que então seria impossível a contabilidade se todas as grandes empresas fossem unificadas em uma só coorporação estatal?

    Só para entreter a curiosidade alheia, se um empresário resolver estudar *O Capital* **exclusivamente para administrar uma empresa**, se ler somente o primeiro livro vai se enganar por completo. Vai acreditar que precisa de mais trabalhadores a qualquer custo, o que é desmentido nos livros seguintes. Se ler e entender todos os livros, para administração vai simplesmente entender de forma aprofundada o que já sabia por instinto, que precisa de custos de produção mais baixos que os dominantes no mercado. Vai descobrir que assim contribui para colocar em crise o próprio capitalismo, mas também vai saber que não tem escolha. Vai entender que é somente um operador do capital, o capital personalizado, e não o grande empreendedor que acha que é. Em resumo, é mais provável que fique deprimido do que rico, ou que migre para um ramo especulativo.

    E no caso de uma empresa administrada pela e para a sociedade? Deve produzir o máximo possível, com a melhor qualidade/durabilidade, com o mínimo de matérias primas, energia e horas de trabalho por peça. É o mesmo que uma empresa capitalista deve fazer? Quase! A empresa capitalista coloca o lucro acima de tudo, derrubando a qualidade/durabilidade. Ademais, todos os outros fatores são vistos pelas empresas capitalistas pelo filtro da contabilidade, ou seja, o capitalista não tenta gastar menos energia, ele tenta gastar menos dinheiro com energia, o que nem sempre é a mesma coisa do ponto de vista dos interesses sociais. Além disso, uma empresa capitalista precisa produzir mais e mais, mesmo que destrua milhares de rios, montanhas, que polua, que leve à extinção da vida! Já para uma empresa socialista, se as pessoas estiverem consumindo menos por vontade própria, que ótimo! Isso significa que os trabalhadores devem ser completamente intercambiáveis entre as empresas socialistas, os empregados não deveriam ser dessa ou daquela empresa socialista, mas de todas, extinguindo o desemprego.

**As classes para Mises**

Em um livro no qual pretende revelar o pensamento socialista era de se esperar que ele tentasse entender e revelar as falhas do conceito marxista de classe social, mas o que ele faz é só muita confusão.

Diz Mises que *"A classe daqueles que têm condições de pensar por si está nitidamente separada da classe dos que não têm essas condições"*.[226] Que as pessoas têm inteligências diferentes, é um fato, contudo esse conceito de classes é só de Mises, não é o utilizado por outros teóricos. Mises tinha liberdade para classificar as pessoas como bem quisesse. Contudo, não há uma separação nítida entre pensadores e não pensadores. No contexto, essa frase acusa os pobres de serem burros, quando na história a maioria dos gênios foram pobres, pelo simples fato de que a maioria da humanidade sempre o foi.

Já se viu que Mises prega a ilusão de que "*Todos têm liberdade de se juntarem às fileiras das três classes progressistas da sociedade capitalista*". Bastaria "*ter inteligência e força de vontade*". [227] Sem tal mentira o capitalismo seria insustentável! Antes de desfazer a confusão conceitual de Mises sobre classes, lembremos que a maior parte dos ricos o são por herança. No Brasil são 60% no início do século XXI. As chances de sucesso crescem com capital, ou ao menos ter capital permite empobrecer lentamente, com negócios que se não dão muito lucro, também não dão muito prejuízo. Existe também capital cultural, igualmente herdado: Bourdier notou, na França, e depois novas pesquisas confirmaram

---

226   MISES, Ludwig von. *A Mentalidade Anticapitalista*. Rio de Janeiro: Ed. José Olympio/Instituto Liberal. 1987. P.16.
227   MISES, Ludwig von. *A Mentalidade Anticapitalista*. Rio de Janeiro: Ed. José Olympio/Instituto Liberal. 1987. P.41.

isso em outros lugares, que filhos de intelectuais têm mais sucesso nos campos intelectuais.

Sobre as três classes de Mises, seriam os poupadores, os empresários e os "tecnólogos"! Ser poupador ou tecnólogo não configura ser de uma classe para praticamente nenhum pensador, muito menos lado a lado. Em um caso é uma questão de riqueza e temperamento pessoal, e em outro é um caso de profissão ou de formação, de forma que não correspondem a um mesmo critério.

Mises é prova de que existe quem diga que "*O capitalismo desproletariza o 'homem comum' e o eleva à posição de 'burguês'*". [228] Por um lado, perdoemos Mises, que está falando de pobres e ricos, não de proletários e burgueses, como se nota no contexto em que diz isso. Mises estava explicando que o capitalismo produz muito mais riqueza que os antigos modos de produção, e que portanto as massas têm muito mais bens de consumo. Isso é um fato, mas Mises acha que por isso essas massas viraram burguesas. A definição de classe, portanto, para Mises, depende do consumo, só nesse caso, claro, porque ele não tem fidelidade aos seus próprios critérios. Contudo, desde o mundo antigo,

---

228    MISES, Ludwig von. *A Mentalidade Anticapitalista*. Rio de Janeiro: Ed. José Olympio/Instituto Liberal. 1987. P.8.

proletário não é o que não tem bens de consumo, é o que não pode oferecer nada ao Estado. Para Marx é o que não tem meios de produção, é o que precisa trabalhar para os outros. Hoje, para assalariar um trabalhador, se oferece muito mais bens de consumo do que há cem anos atrás, porém esse trabalhador não se tornou nem um pouco burguês por isso. Para ser burguês ele precisaria ter capital o suficiente para viver do lucro (ou juros, ou aluguel) do mesmo. Exemplo: Entre um trabalhador muito bem remunerado, e um rentista que ganhe metade do que ganha o trabalhador bem remunerado por mês, o rentista é o burguês, embora um burguês de meia tigela.

    Já para nascer o capitalismo precisou que massas de camponeses perdessem o acesso que tinham à terra e virassem proletários nas cidades. Assim que nasceu, o capitalismo começou a extinguir categorias inteiras de artesãos, ou reduzir drasticamente seus números e salários, proletarizando-os. A tendência geral do capitalismo, na medida em que a indústria toma todos os setores, é proletarizar todas as categorias. Transformar todo mundo em trabalhador assalariado. O trabalhador que hoje é autônomo, amanhã será substituído por uma máquina que permitirá a um trabalhador menos qualificado fazer o mesmo trabalho. O pequeno empresário de hoje tende a ser engolido por um concorrente maior amanhã. Como diz o *Manifesto Comunista*, a burguesia, "*Do médico, do jurista, do sacerdote, do poeta, do sábio fez seus servidores assalariados*". [229] Esse processo ainda está em curso.

Só para entreter a curiosidade do leitor, voltemos ao exemplo do burguês que recebe metade do salário de um trabalhador bem remunerado. Ele não é por isso um pequeno burguês, embora esteja perto de ser rebaixado a tal. Já um dono de um pequeno estabelecimento, mesmo ganhando 10, 20 vezes mais que esse burguês mixuruca do exemplo, ainda assim, se não pudesse viver só de seu capital (sem mover uma palha) ainda seria um pequeno burgues. Burguês não é sinônimo de rico, e pequeno burguês não é sinônimo de meio rico, nem proletário é sinônimo de pobre. A questão é de relações sociais, do papel que nelas se exerce.

Até a Revolução Francesa e suas congêneres se espalharem pelo mundo, existiam classes previstas em lei! Eram oficiais. Ou se era nobre, ou se era clérigo, ou se era plebeu. A Revolução Francesa aboliu essas distinções, mas alguns pensadores, como Saint Simon, logo notaram que classes continuavam existindo, ou seja, a sociedade continuava dividida em grandes frentes,

---

[229] MARX, Karl; ENGELS, Friedrich. *O Manifesto Comunista*. P.6.

forças sociais. Iniciam-se então estudos no sentido de descobrir o que eram as classes sociais, o que as definia.

Hoje, quando se usa a palavra "classe", já se pensa em marxismo. Como a grande maioria dos termos usados por Marx, são termos em moda na época, alguns de grandes pensadores que ele cita. Certamente ele os ressignificou, mas novo, criou quase somente o conceito de mais-valia. Eis o que disse o próprio Marx:

> No que me diz respeito, não me cabe o mérito de ter descoberto a existência das classes na sociedade moderna ou a luta entre elas. Muito antes de mim, alguns historiadores burgueses tinham exposto o desenvolvimento histórico dessa luta de classes e alguns economistas burgueses a anatomia econômica dessas classes. O que eu fiz de novo foi desmonstrar: 1) que a existência das classes está ligada apenas a determinadas fases históricas do desenvolvimento da produção; 2) que a luta de classes conduz necessariamente à ditadura do proletariado; 3) que esta mesma ditadura constitui tão somente a transição para a abolição de todas as classes e para uma sociedade sem classes.[230]

Classes, para Marx, surgiram no mundo antigo, há somente uns 5 mil anos, e um dia vão desaparecer. Note-

---

230 MARX. K. ENGELS. F. *Cartas Filosóficas e Outros Escritos*. São Paulo: Grijalbo. 1979. p.25.

se bem que portanto caçadores, pescadores, agricultores, pastores da pré-história não formavam classes, porque eram sociedades inteiras. Classes são divisões de uma mesma sociedade. Só existem dentro de sociedades, e de um Estado. Logo no início do *Manifesto* Marx explica que a história da humanidade tem sido a história da luta de classes, e cita o que então se conhecia de classes do mundo antigo. Antes do *Manifesto* Engels tinha explicado que classes são forças sociais, formadas pela confluência de posicionamentos. As pessoas têm ideias diferentes de como a sociedade deve ser dirigida, e essas ideias por um lado se anulam, ou seja, um quer ir para cima, outro para baixo, e os esforços de ambos se anulam. Contudo, a diversidade não é tão grande assim que existam centenas de posicionamentos, de forma que se formam "blocos" (processo no qual a ação humana é importante), verdadeiras forças sociais, quando milhares ou milhões de pessoas pensam de forma similar. Por isso se diferencia categoria profissional de classe. A profissão define a categoria de uma pessoa – motorista, militar, aeromoça, professor, enfermeiro etc. e são milhares! Já o que define as classes é a luta política, é a história! Ao longo do tempo elas se reduziram em número. Marx dizia que no final só sobrariam duas – os donos do capital e os proletários, que são aqueles que não têm capital nenhum e vivem de trabalhar. Depois, com a vitória proletária mundial, acabariam as classes. Com o fim das classes acabariam os Estados, e as ideologias.

### Diferentes conceitos de liberdade

Mises afirma que *"A liberdade é, porém, indivisível..."*.[231] Não existe essa liberdade personalizada, "A Liberdade", como uma deusa. Liberdade é uma palavra que apesar das regras de português não o exigirem, exige na prática complemento. Existe a liberdade de ir e vir, de expressão, de pensamento etc. Matar é proibido, roubar é proibido etc. No mundo real, quando se fala de liberdade, é necessário especificar liberdade de quê. Portanto, não existe essa liberdade indivisível. Pelo contrário, existem liberdades, no plural, que podem sim existir, e existem, separadas uma das outras.

Apesar de tão central no pensamento de Mises, seu conceito de liberdade é mutável. Em um momento *"O que restringe a liberdade do indivíduo não é a violência ou a ameaça de violência de outrem, mas a estrutura fisiológica de seu corpo e a inevitável escassez natural dos fatores de produção"*.[232] É como se para Mises ainda estivéssemos na idade da pedra, limitados pela força física e pela escassez.

---

231   MISES, Ludwig von. *A Mentalidade Anticapitalista.* Rio de Janeiro: Ed. José Olympio/Instituto Liberal. 1987. P.101.
232   MISES, Ludwig von. *A Mentalidade Anticapitalista.* Rio de Janeiro: Ed. José Olympio/Instituto Liberal. 1987. P.9.

Em outro momento "*O conceito político de liberdade individual é: liberdade contra a ação arbitrária do poder policial*". [233] Quanto se decaiu desde o mundo antigo, em que a liberdade política individual era a liberdade de tomar parte nas decisões públicas!? De qualquer maneira, é uma declaração de um anarquista moderado, ou não coerente. Ele tem o Estado como inimigo da liberdade, mas acha que o Estado é indispensável. Também defendendo o Estado ele diz que "*O objetivo de todas as modernas instituições políticas e jurídicas é o de salvaguardar a liberdade do indivíduo contra intromissões da parte do governo*".[234] As novas instituições, nas Américas, foram criadas por senhores de escravos e de índios semi-escravizados, para manter a liberdade de terem escravos e os índios sem liberdade nenhuma. Ademais, é necessário muito malabarismo intelectual para acreditar que governo é uma coisa, e as instituições políticas do qual o governo faz parte lhe são opostas.

Mises dá outra definição de liberdade ainda mais confusa, ao dizer que "*Sob o capitalismo, liberdade significa: não depender da vontade de alguém mais do*

---

[233] MISES, Ludwig von. *A Mentalidade Anticapitalista*. Rio de Janeiro: Ed. José Olympio/Instituto Liberal. 1987. P.85.
[234] MISES, Ludwig von. *A Mentalidade Anticapitalista*. Rio de Janeiro: Ed. José Olympio/Instituto Liberal. 1987. P.86.

*que alguém possa depender da sua"*. [235] Nos parece uma afirmação um tanto quanto doentia, de motivação psicológica – pois relaciona a sua própria liberdade com os outros dependerem dele. Ou seja, a liberdade de um dependeria da escravidão de outro. Há mesmo semelhanças com a "liberdade" dos gregos - mas não é o que interessa. O que interessa é que, como ele estava falando de rendimentos, confessou que sob o capitalismo não existe liberdade sem dinheiro. Ademais, se aceitarmos a premissa dele, significa que só os ricos são livres, posto que trabalhadores que precisam do salário dependem da vontade alheia.

Diz o *Manifesto* que a *"propriedade (...) se declara ser a base de toda liberdade, de toda atividade, de toda independência individual."* São os Mises que declaram isso em nome da propriedade: *"toda a liberdade compatível com a vida em sociedade é a atividade da economia de mercado"*.[236] A humanidade produz seus instrumentos, controla o fogo, vive em comunidades há milhões de anos, enquanto o comércio se desenvolveu somente nos últimos milhares de anos, e só depois do

---

235 MISES, Ludwig von. *A Mentalidade Anticapitalista*. Rio de Janeiro: Ed. José Olympio/Instituto Liberal. 1987. P.94.
236 MISES, Ludwig von. *A Mentalidade Anticapitalista*. Rio de Janeiro: Ed. José Olympio/Instituto Liberal. 1987. P.92.

comércio é que surgiram classes, Estados, leis, opressão, governantes.

É curioso, contudo, como Mises confirmou o que Marx disse sobre o que é a liberdade para os capitalistas no *Manifesto Comunista*: "*substituiu as numerosas liberdades, conquistadas com tanto esforço, pela única e implacável liberdade de comércio*" e "*Por liberdade, nas condições atuais da produção burguesa, compreende-se a liberdade de comércio, a liberdade de comprar e vender.*"

Já Marx e Engels pensavam na liberdade a partir do raciocínio de Hegel, e "*para ele, a liberdade não é outra coisa se não o conhecimento da necessidade (...) A liberdade não reside na sonhada independência perante as leis naturais, mas sim no conhecimento destas leis e na possibilidade que carrega lado a lado de fazê-las atuar de um modo planificado para fins determinados*". O conhecimento gera "*a capacidade de decidir com conhecimento de causa*", portanto, "*quanto mais livre seja o juízo de uma pessoa com respeito a um determinado problema, tanto mais assinalado será o caráter de necessidade que determine o conteúdo desse juízo*". A ideia de liberdade como poder escolher entre "*um cúmulo de possibilidades distintas e contraditórias*" esconde uma realidade de "*insegurança baseada na ignorância*", e portanto de falta de liberdade, uma vez que a pessoa indecisa "*demonstra que se acha dominada pelo objeto que pretende dominar*". Mas "*A esse direito de se poder deliciar em paz com o acaso em determinadas condições dava-se, até aqui, o nome de liberdade pessoal*".[237] Engels dá um exemplo prático: "*Os primeiros homens saídos do reino animal eram, em todo o substancial, tão pouco livres como os animais mesmos, mas cada passo no caminho da cultura era um passo dado no caminho da liberdade*".[238] O conceito marxista de liberdade, portanto, lembra o ditado popular: "Conhecer é poder".

Deve-se acrescentar que para Marx e Engels "*...na comunidade [com outros, é que cada] indivíduo tem os meios de desenvolver em todas as direções as suas aptidões; só na comunidade, portanto, se torna possível a liberdade pessoal*".[239]

---

237 MARX, Karl. ENGELS, Freidrich. *A Ideologia Alemã*. São Paulo. Expressão Popular. 2009. p.99.
238 ENGELS, Federico. Anti Dühring: La subversion de la ciência por el señor Eugen Dühring. Buenos Aires: Editorial Cartago. 1973. Pág. 95.
239 MARX, Karl. ENGELS, Freidrich. *A Ideologia Alemã*. São Paulo. Expressão Popular. 2009. p.95.

## Conclusões

É um tanto quanto duro afirmar isso, mas fica explícito desde o primeiro capítulo, que trata das semelhanças entre Mises e Marx, que se Mises leu os livros de Karl Marx, leu muito mal, de forma que nem sabia em que pontos tinha semelhanças com ele. É interessante a falta de vaidade que isso implica. Falar do socialismo sem ter lido o mais famoso de seus teóricos é lamentável. Se leu, pior, porque então seria plágio. A regra é simples – se você sabe que outro autor já disse algo exatamente igual ao que você diz, você deve citá-lo. A única desculpa é a ignorância, que reduz o problema de plágio para incompetência.

O "método" por ele utilizado é também deplorável. Mises não cita textos de socialistas para comprovar suas teorias sobre como pensam os socialistas!?!? Ele imagina os socialistas, imagina como eles pensam, e debate contra sua própria imaginação. É como um jogo em que se joga sozinho. Inventa um marxismo que não tem nada a ver com Marx e depois tenta derrubá-lo, e às vezes perde para sua própria imaginação.

Curiosamente Mises, como é muito comum, baseia suas suposições sobre os outros na crença de que todos os humanos são iguais em suas características as mais subjetivas, como os desejos. Sendo todos os humanos iguais, para entender os outros bastaria olhar para si mesmo, ou seja, o método do espelhamento.

O que Mises viu com esse método absurdo? Um ser humano que se move pela inveja e pela ambição desenfreada. É o mesmo que quase todo defensor do capitalismo! Não há líder socialista da qual os defensores mais medíocres do capitalismo não digam que tem uma conta gorda na Suíça. Porque eles não podem conceber que uma pessoa lute por outras coisas, uma vez que não conseguem entender que os seres humanos são diferentes uns dos outros, ou seja, deles mesmos.

A concepção de Mises sobre economia mostra que seu método para essa ciência é similar ao que usou para falar da mentalidade dos outros – exercícios puramente teóricos! Ele o disse, como se tratou acima. Não é errado teorizar, errado é teorizar a partir do nada. A teoria econômica deve partir da história econômica, e deve compreender a sociedade em toda a sua complexidade. Uma vez que Mises tira o mundo que estuda de sua própria cabeça, esse mundo é bem simples, e não é a Terra.

Quem conhece um pouco alguns socialistas utópicos logo nota a semelhança entre eles e Mises. A diferença é que Mises é um capitalista utópico. Eis como o *Manifesto Comunista* descreve os "socialistas burgueses":

Nessa categoria enfileiram-se os economistas, os filantropos, os humanitários, os que se ocupam em melhorar a sorte da classe operária, os organizadores de beneficências, os protetores dos animais, os fundadores das sociedades de temperança, enfim os reformadores de gabinete de toda categoria. Chegou-se até a elaborar esse socialismo burguês em sistemas completos.

Mas é possível dizer de Mises algumas coisas que o *Manifesto* fala do "socialismo burguês" que "*Ele se resume nesta frase: os burgueses são burgueses no interesse da classe operária*", e que "*Os socialistas burgueses querem as condições de vida da sociedade moderna sem as lutas e os perigos que dela decorrem fatalmente. Querem a sociedade atual, mas eliminando os elementos que a revolucionam e a dissolvem.*"

Também se pode notar que Mises pensa para o mundo medieval, o capitalista de Mises é um chefe de oficina, um capitão de indústria, e não o acionista, o banqueiro. Embora por apologia afirme ser grande a produtividade do capitalismo, nos seus raciocínios a produtividade é baixa, as forças produtivas estão em um nível muito inferior ao nível real. Esse modo de ver o mundo, com fracas forças produtivas, é comum aos defensores do capitalismo desde os tempos de Marx.

Mises não pode entender bem o capitalismo exatamente porque só quer fazer sua apologia. Compreende-se os fracassos da Escola Austríaca de economia toda vez que algum governo resolveu aplica suas receitas monetaristas. Não foram feitas para a Terra, mas para um mundo imaginário.

www.ingramcontent.com/pod-product-compliance
Lightning Source LLC
Chambersburg PA
CBHW031421210526
45464CB00005B/1998